Norberto Peixoto

Dicionário Ramatís da Umbanda

1ª edição / Porto Alegre-RS / 2023

Capa e projeto gráfico: Marco Cena
Revisão: Gaia Revisão Textual
Produção editorial: Bruna Dali e Maitê Cena
Assessoramento gráfico: André Luis Alt

Dados Internacionais de Catalogação na Publicação (CIP)

P379d   Peixoto, Norberto
           Dicionário Ramatís da Umbanda. / Norberto Peixoto. – Porto Alegre: BesouroBox, 2023.
           200 p.; 16 x 23 cm

         ISBN: 978-85-5527-116-8

         Religião. 2. Umbanda. 3. Umbanda – dicionários.
         I. Título.
                                                                          CDU 299.6(038)

Bibliotecária responsável Kátia Rosi Possobon CRB10/1782

Direitos de Publicação: © 2023 Edições BesouroBox Ltda.
Copyright © Norberto Peixoto, 2023.

Todos os direitos desta edição reservados a
Edições BesouroBox Ltda.
Rua Brito Peixoto, 224 - CEP: 91030-400
Passo D'Areia - Porto Alegre - RS
Fone: (51) 3337.5620
www.legiaopublicacoes.com.br

Impresso no Brasil
Junho de 2023.

Refletiu a Luz Divina

O hino da Umbanda, cantado em milhares de terreiros por este Brasil continental, remete-nos à Luz Divina em seu início:

Refletiu a Luz Divina
Com todo seu esplendor
Vem do reino de Oxalá
Onde há paz e amor
Luz que refletiu na terra
Luz que refletiu no mar
Luz que veio de Aruanda
Para nos iluminar

Mas, afinal, o que é essa Luz?

As tradições espirituais consagradas e fidedignas, seja no Oriente ou no Ocidente, explicam a gênese divina por meio da Luz, ou seja, fomos criados da Luz e temos a capacidade de refletir essa Luz, pois somos luz, um pequeno "sol" que ainda precisa ser descoberto, para que o seu facho luminoso rompa a escuridão que o impede de ser percebido no íntimo de cada cidadão planetário. Como diminutas estrelas (almas), fragmentos de uma Estrela Maior que se partilhou amorosamente (Deus), refletimos a Luz de nossa origem e, ao mesmo tempo, somos emissores dessa Luz Divina. Todavia, de forma similar à luz que está intrinsecamente ligada ao Sol, só existimos por sermos uma expansão da Suprema Consciência Universal.

O Reino de Oxalá é o Reino de Deus e se encontra dentro de cada um de nós. A Umbanda ensina, enquanto ciência metafísica de autorrealização espiritual, a nos reconectarmos com a fonte de paz e amor que se reflete em toda a Terra, nos mares, nos céus e no infinito. Aruanda, simbolicamente, é o reino mais elevado, gerador dessa Luz, útero e berçário de todos os Orixás, sagrado prisma que refrata e "rebaixa" essa Luz geradora em vários espectros de frequência, plenos de poderes de realização, propiciando assim a vida humana planetária.

Essa luz refratada nos diversos Orixás traz enfeixada consigo um enorme contingente de Espíritos iluminados para nos auxiliar na evolução. Estes são os Mestres Autorrealizados e liberados de quaisquer resíduos de ego, nossos amados Guias, que vibram amorosamente para que consigamos nos iluminar, expandir nossas consciências e nos libertarmos da cadeia inevitável de sofrimentos em corpos físicos impermanentes, "imposição" do interminável ciclo de reencarnações sucessivas.

De fato, todos os Universos, em seus infinitos alcances cósmicos, inimagináveis em nosso atual estado de entendimento, por suas diversas dimensões e amplitudes de frequências vibratórias, são formados e sustentados pela Luz Divina, que, similarmente ao sêmen que insemina o útero para uma vida humana encarnar, é a "inseminadora" de toda a vida no Cosmos.

É possível, em meditação profunda, em estado alterado e superior de consciência, amparado por um Mestre Espiritual, nos conectarmos com Deus na "forma" de Luz; uma Luz "esbranquiçada" e leitosa, por vezes em tons amarelados, opalinos ou lilases, dependendo do espectro de frequência ao qual nos sintonizamos. Nessas ocasiões, as palavras não conseguem descrever o sentimento de conexão, ou fusão de consciências, e a paz e o amor profundos que sentimos por todos. São momentos de integração com a Totalidade Cósmica.

Concluo que cada variação dessa cor é um Orixá, um espectro da sutilíssima frequência original que foi rebaixada até se fazer sentir por meio de um nome e forma humanizados (deidade), para que nós, humanas criaturas – limitadas, materializadas e densas –, possamos perceber os Orixás e compreendê-los. Em verdade, são caminhos sensoriais válidos para chegarmos até o único Deus, impessoal e livre das formas transitórias. Afinal, a "Mente Divina" preenche todos nomes e formas cultuados pelos devotos nas diversas religiões, sem discriminar nenhuma.

A mente de Deus criou as estrelas e todos os mundos. Assim é a operadora suprema de toda a criação, que mantém unidas as células de nossos corpos físicos e coesos os elementos planetários – o que está em baixo é igual ao que está em cima. Essa maravilhosa consciência que existe em cada partícula de matéria é expansão e obra da onisciência divina, que não precisa de instrumentos para realizar seus objetivos. Nossas pequenas mentes são partes da mente onipotente de Deus. Sob as ondas de nossas consciências está o oceano infinito da consciência divina. A onda individualizada se isola do poder oceânico quando esquece que é parte do mar. A Umbanda nos reunifica e nos reintegra com os poderes divinos dos Orixás e, por intermédio deles, com Deus.

Sumário

Prefácio 13

A
Agente de limpeza astral nas zonas umbralinas – Exu 15
Agente mágico universal, organizador divino – Exu 16
Amaci – aplicação no bulbo raquidiano (atrás da cabeça) 16
Amaci e fortalecimento da coroa mediúnica 17
Aptidão psíquica do homem 17
"Arriar" oferenda – intercâmbio sagrado 18
Assédios aos médiuns 19
Atabaques e cantos – curimba..19
"Atraso de vida" – afastamento/desligar-se da Umbanda......20
Axé – liberação etérica 21
Axé e ciclo vitalizador 21
Axé e ectoplasma 22
Axé e mediunidade 22
Axé e movimentação dos falangeiros 23
Axé é o fluido cósmico universal 23
Axé e sustentação da prática umbandista 24

B

Banho de defesa..25
Banho de descarga com ervas..26
Banho de descarrego..26
Banho de descarrego com sal grosso...26
Banho de energização..27
Banho de ervas – efeito energético..27
Banho de ervas para fortalecimento dos médiuns............................28
Banho de fixação 28
Banho ritualístico – efeito no duplo etéreo 28
Bater palmas – efeitos energéticos..29
Bebidas alcoólicas – desintegração de miasmas...............................29

C

Caboclos de Ogum e as falanges socorristas....................................31
Caboclos e suas características..32
Cachimbo, charuto e a manipulação do elemento fogo 32
Campos vibratórios elevados...32
Cânticos de Umbanda – significado 33
Cantigas e sonoridades dos Caboclos...33
Catarses e mediunismo – necessidades atuais..................................34
Cemitérios – campo santo – proteção de Exu..................................37
Congá e suas funções...38
Consagrações no ritual de Umbanda 39
Curimba – magia do som – orquestra musical umbandista.............39

D

Demandas astrais 41
Demarcação ritualística 41
Demonização de Exu..42
Descarga energética – energização dos médiuns 43
Desdobramento espiritual – incursão nos charcos trevosos............44
Desencarnados que habitam a Terra 46
Desenvolvimento mediúnico 47
Desenvolvimento mediúnico e tela etérica.......................................48

Desmanches e varreduras energéticas 50
Duplo etéreo afastado do corpo físico 51

E
Ectoplasma produzido no duplo etéreo 53
Educação dos pensamentos, sentimentos e da mediunidade 54
Efeitos físicos e materializações 55
Energia cósmica e Orixás 55
Enxertos ectoplásmicos curativos 56
Espiritismo e Umbanda – diferenças 57
Essência primordial – Orixá 58
Evolução da mediunidade 58
Evolução espiritual e Umbanda 59
Exu – o mensageiro 60
Exu do lodo 61
Exu e o rebaixamento vibratório dos Orixás 62
Exu faz "par" com os Orixás 63
Exu não é o diabo 63

F
Falanges de Ogum e Xangô 65
Fascinação pelas adivinhações 66
Fisiologia da aura humana..67
Fisiologia oculta da tela etérica ou búdica 69
Formas-pensamento – clarividência 70
Formas-pensamento – os artificiais 70
Frequência do corpo etérico 71

G
Gira de caridade – mediunizar, "receber" os guias espirituais 73
Gira de caridade – o lado oculto 74
Gira de caridade – padronização do ritual 75
Giras de caridade – exercício da mediunidade 76
Guias espirituais no plano mental 76

H
História da Umbanda 79

I
"Identidade" dos ritos de iniciação com o sangue de Jesus....................87
Identidade na diversidade umbandista..88
Ideoplastias no Plano Astral 90
Iniciação – carmas a "queimar" 92
Iniciação – sacrifício animal 93
Iniciações no Plano Causal 94
Interferências no trabalho mediúnico 96

J
Jesus e o amor pela humanidade 99
Jesus e sua missão sacrificial 100
Justiça – efeito de retorno na magia...100
Justiça – formas-pensamento retornam ao alvo 101

K
Karma (ou carma) dos sacrifícios animais 103

L
Lei das correspondências vibracionais.......................................105
Lei de causa e efeito 111
Lei de Pemba..111
Lei Maior Divina 112
Ligação cármica – Orixás e transe 112

M
Magia – ação das organizações trevosas 115
Magia – captura do duplo etéreo...117
Magia – produção fluídica do corpo etérico 118
Magia – vampirismo – ectoplasma 119
Magia da Umbanda 121
Magia do magnetismo curador 122

Magia negativa – formas-pensamento – artificiais 123
Magia Universal e Orixás 125
Mediunidade – atendimento aos desencarnados........................126
Mediunidade de tarefa...128

N
Normas de culto ditadas pelo Caboclo das Sete Encruzilhadas...........129

O
Obsessão entre vivos – encarnado para encarnado....................131
Obsessões e ressonâncias do passado 132
Obsessões em desdobramento espiritual 133
Oferendas e presentes 134
Orixás – momento cármico...135
Orixás – vibrações cósmicas..135

P
Palestras e pedidos de ajuda 137
Par com os Orixás – Exu 138
Pássaro na janela – a alma 139
Passes de limpeza energética 140
Permissão aos ataques nos cemitérios 141
Pérola – a sagrada mediunidade...142
Planos ocultos – mensageiro 144
Psicologia energética dos quatro elementos 144

Q
Queda do corpo físico – desgaste 151
Quiumbanda – falsa Umbanda 152

R
Reencarnação – ingerências cármicas...155
Reencarnação – sensibilização do médium 156
Repercussão vibratória..161
Resgate nas regiões umbralinas 164
Ressonâncias vibratórias do passado 166

S
Santos e Orixás – sincretismo 167
Soltar obsessores 168
Sons – contagens e pulsos magnéticos 170

T
Técnica anímico-mediúnica – apometria 171
Técnica de trabalho – desdobramento espiritual 172
"Tropas de choque" no Plano Astral 173

U
Umbanda – *Aumbandhã* – a Lei Maior Divina 175
Universalismo – origem cósmica da Umbanda 178

V
Valência do mediunismo 183
Vegetais – axé das folhas 184
Vitória do médium 185

X
Xamanismo, pajelança e outros ritos 187

Y
Yemanjá (ou Iemanjá) – Mãe Divina 189

Z
Zelar o "santo" 193
Zelar pelo assento vibratório dos Orixás 195

Obras de Norberto Peixoto 197
Sugestões de leitura 199

Prefácio

É uma alegria podermos contribuir com a reintegração espiritual que a Luz Divina da Umbanda nos conduz, guiando-nos ao reencontro com Deus, por intermédio da publicação de *Dicionário Ramatís da Umbanda*. Trata-se de uma coletânea das 13 obras de Ramatís que nos foram ditadas, organizada na forma de um índice temático em ordem alfabética, para leitura contínua e para consulta rápida por assunto. No seu estilo característico, com sua habitual visão universalista e incomparável capacidade de síntese, este Mestre da Sabedoria Universal esmiúça com objetividade assuntos complexos do amplo espectro ritualístico umbandista – muitas vezes inacessíveis por estarem envoltos em uma "aura" de segredo.

Por orientação de Ramatís, revimos nas obras atuais o uso da flexão verbal de 2ª pessoa do plural, não usual nos dias atuais, passando-a para a flexão verbal da 3ª pessoa do plural, como falamos e lemos habitualmente, fazendo com que o entendimento da sua mensagem fique mais palatável ao adepto umbandista e buscador espiritualista universalista de agora. Resta esclarecermos que os Espíritos instrutores da humanidade são livres dos maneirismos de época, peculiares à fala e à escrita, tão comuns aos saudosistas do passado e que se encontram apegados aos hábitos cotidianos de antigamente, o que os faz avessos à mudança. Logo, o que tem importância a esses abnegados professores das almas, que se comunicam com os médiuns pelo pensamento puro, é que compreendamos seus ensinamentos, sem impor-nos uma linguagem pretérita, fora do contexto da presente época.

Desejamos a todos uma boa leitura e que a Luz libertadora da consciência de Ramatís auxilie-nos a expandir e clarear nosso discernimento.

Axé, Saravá, Namastê!

Norberto Peixoto
Porto Alegre, 3 de janeiro de 2021.

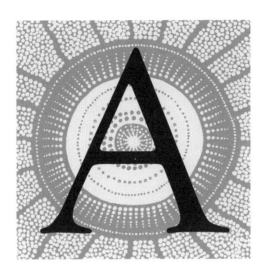

AGENTE de limpeza astral nas zonas umbralinas – Exu

Há de se ter bem claro que Exu não faz mal a ninguém, ao menos os verdadeiros. Quanto aos Espíritos embusteiros e mistificadores que estão por aí desocupados, eles encontram sintonia em mentes desavisadas e sedentas por facilidades de todas as ordens.

Os Exus atuam diretamente nas sombras do inconsciente humano e são os grandes agentes de assepsia das zonas umbralinas. Em seus trabalhos, cortam demandas, desfazem feitiçarias e magias negativas feitas por Espíritos malignos em conluio com encarnados que usam a mediunidade para fins nefastos. Auxiliam nas descargas energéticas, retirando Espíritos obsessores e encaminhando-os para os entrepostos de retenção nas zonas benfeitoras de Luz Astral, a fim de que decantem suas negatividades e possam cumprir suas etapas evolutivas em locais de menos sofrimento, muitas vezes sendo "transferidos" para planetas inferiores à Terra.

Assim é Exu: por vezes incompreendido, outras temido, tantas amado, mas sempre honesto, alegre, feliz, direto no que tem a dizer. Incansável combatente da maldade que o próprio homem alimenta no mundo.

AGENTE mágico universal, organizador divino – Exu

O Incriado, o Imanifesto, o Deus único não se manifesta diretamente. D'Ele se expande um "fluido" informe que interpenetra todas as dimensões vibratórias do Cosmo e, acima dessas faixas, torna-se novamente um com o Pai, sem vibração, pois Deus em Si é Imanifesto. Num processo de descenso vibratório, o Divino, por meio do Orixá Exu, seu agente mágico universal, transforma-o em veículo de manifestação de Sua vontade, oportunizando Sua manifestação indireta em todas as vibrações e formas do Universo. As ondas, luzes e a eletricidade, bem como os sons e o magnetismo, são simples meios de manifestação do organizador e mensageiro Exu que possibilitam a junção atômica das energias cósmicas e a criação e manutenção dos mundos material, etérico e astral.

AMACI – aplicação no bulbo raquidiano (atrás da cabeça)

O amaci é uma mistura de ervas maceradas acrescentada à água limpa de cachoeira ou rio, que é devidamente magnetizada em ritual próprio na frente do congá, a fim de fortalecer o tônus mediúnico e facilitar os transes – estados superiores de consciência. A aplicação do sumo extraído das folhas frescas se dá na altura do bulbo raquidiano, atrás do crânio, diretamente numa linha vertical com a glândula pineal, centro psíquico de recepção da mediunidade que está diretamente ligado ao chacra coronário. No Oriente, essa região da nuca é conhecida como a "boca de Brahma", pois por intermédio dela entra o prana durante a inspiração no processo natural de respiração. Se esse fluido cósmico vital deixar de alimentar os homens por essa "boca", cessa a vida física.

AMACI e fortalecimento da coroa mediúnica

Os chamados "amacis" nada mais são do que o uso de folhas litúrgicas, em que seus princípios ativos etéreo-astrais magnéticos ligados aos quatro elementos e às forças telúricas planetárias – ar, terra, fogo e água – são adotados para a complementação e o fortalecimento energético dos médiuns. Não são quaisquer ervas usadas aleatoriamente. Quando assim ocorre, prepondera somente a boa vontade dos dirigentes e a autossugestão dos médiuns, como espécie de placebo medicamentoso. Efetivamente, nesses casos, os princípios químicos etéreos em regência vibratória com os Senhores Regentes dos Elementos – Orixás – não são liberados adequadamente, tornando inócuos os "amacis". É fundamental que as folhas litúrgicas estejam alinhadas, vibratoriamente, com a regência dos Orixás dos médiuns, preferencialmente individualizando as "lavagens" de cabeça, visando fortalecer a ligadura vibratória do chacra coronário com os Orixás, Guias e Falangeiros que assistem ao medianeiro. Os amacis gerais, feitos coletivamente para toda a corrente, utilizam folhas genéricas dos Orixás Oxalá e Iemanjá, entre outros, conforme a tradição de cada casa. São válidos, mas não têm a valência do amaci individualizado para a firmeza da coroa mediúnica.

APTIDÃO psíquica do homem

A História nos revela que as civilizações conhecidas no meio terrícola sempre instituíram de forma acentuada o intercâmbio com o Plano Astral – era a mediunidade, aptidão psíquica imanente ao princípio espiritual e ao homem. Com os chamados profetas, oráculos, iniciados, magos, alquimistas, pajés, benzedores, bruxos e, nas civilizações mais antigas, as pitonisas e os sacerdotes, desde a raça vermelha, na Lemúria, há mais de 40 mil anos, a mediunidade foi ferramenta de auxílio, progresso e crescimento consciencial dos encarnados. Nunca faltou, em nenhum momento, o amparo do Alto, do Pai, que a todos assiste no Infinito cósmico da vida, por intermédio do amor, da fraternidade e da solidariedade, sentimentos que palpitam como se fossem um majestoso coração a irrigar e interligar todo um grande organismo, que é o macrocosmo. Arcanjos e anjos, técnicos e engenheiros siderais, entidades interplanetárias e de diversas constelações espirituais ajudam e contribuem para a evolução dos orbes, para a manifestação da vida e, claro, para o progresso da Terra.

Na Lemúria e na Atlântida, assim como nas civilizações egípcias, pelo seu progresso extemporâneo, a contribuição da mediunidade foi mais acentuada, sendo a responsabilidade desse avanço creditada aos seres amoráveis, Espíritos desvinculados de um único planeta, de uma única partícula na imensidão cósmica. Muitos aceitaram encarnar em atividades missionárias de liderança das populações. Outros, de grande conhecimento, mas não tão evoluídos no campo do sentimento, vieram de forma compulsória, em transmigração, mas todos trouxeram sua contribuição à evolução e ao esclarecimento. Infelizmente, a moralidade necessária para a sedimentação e a solidificação desses agrupamentos sociais se fez tênue, pois muitos se esqueceram, imersos na carne, do que prometeram no Astral. O Alto, tudo prevendo, programava a vinda de muitas sementes da vinha de Jesus, médium do Cristo planetário, que frutificariam, preparando e adubando o solo da humanidade terráquea para o momento da descida do Divino Mestre, que exemplificaria na carne a conduta apregoada no Evangelho, sublime código de moral cósmica.

"ARRIAR"
oferenda – intercâmbio sagrado

Os antigos sacerdotes africanos em suas comunidades, iniciados e hábeis manipuladores das energias ocultas do planeta, entendiam que todo o trabalho que tinham para entrar nas florestas, escolher e separar as folhas, macerá-las para retirar o sumo, localizar flores às margens de cachoeiras e riachos, assim como frutas e raízes nas matas, seria inválido se não fosse bem "arriado" na natureza. Na cosmogonia das religiões de matriz africana, especialmente a iorubá, o ato de "arriar" uma oferenda estabelece e perpetua um intercâmbio de força sagrada entre dois mundos: o divino oculto e o profano visível; tudo é axé – fluido espiritual – e tem mais afinidade com este ou aquele Orixá. Essa força tem que estar sempre em movimento em ambos os sentidos: entre a Terra e o Astral, o físico com o metafísico, o concreto com o transcendental. Assim como a água tem seu ciclo sucessivo de chuva, evaporação, resfriamento e degelo, a dinâmica do axé – transferência energética – é considerada essencial e parte integrante da vida humana.

ASSÉDIOS aos médiuns

Por atuarem diretamente no umbral inferior para ajudar as criaturas humanas sofredoras e seus acompanhamentos espirituais, situação que se intensifica neste início de Terceiro Milênio, pela necessidade urgente de "limpeza" da psicosfera terrena, os revides, as perseguições e os assédios das sombras são costumeiros. Sendo assim, fica a impressão de que os médiuns umbandistas são habitualmente atacados, constatação que é verdadeira, o que não quer dizer que não haja proteção aos abnegados trabalhadores que se entregam à passividade mediúnica nos terreiros.

As características de trabalho dos médiuns na Umbanda exigem contínua cobertura vibratória das falanges protetoras do "lado de cá". Os "confrontos" e as "demandas" contra as organizações das trevas são costumeiras, visto que a Justiça Divina se movimenta arduamente para as remoções de comunidades do Além-túmulo cristalizadas no mal.

ATABAQUES
e cantos – curimba

Os toques do atabaque têm a função de auxiliar a concentração da corrente mediúnica, uniformizando os pensamentos e não deixando a desatenção instalar-se. Associados aos cantos, envolvem a mente do médium, não deixando que se desvie do propósito do trabalho espiritual.

Desde as culturas xamânicas mais antigas, passando por praticamente todas as regiões planetárias ao longo da História, temos o registro do uso dos tambores com cunho espiritual. Os cantos bem entoados e vibrados atuam nos chacras superiores (notavelmente o cardíaco, o laríngeo e o frontal), ativando-os naturalmente e potencializando a sintonia com as entidades do Astral. As ondas sonoras emitidas pela curimba irradiam-se para todo o centro de Umbanda, desagregam formas-pensamento negativas, morbos psíquicos e vibriões astrais "grudados" nas auras dos consulentes, diluindo miasmas, higienizando e limpando toda a atmosfera psíquica para que fique nas condições de assepsia e elevação que as práticas espirituais requerem.

"ATRASO de vida" – afastamento e/ou desligar-se da Umbanda

Os médiuns, em geral, quando deixam de praticar a mediunidade e não se encontram totalmente moralizados, por ainda não terem interiorizado os ensinamentos do Evangelho e de outros textos consagrados à emancipação do homem, passam a não ter contato com os fluidos balsâmicos que o trabalho mediúnico caridoso habitualmente propicia. É relevante destacar que, mesmo afastados, continuam a ser médiuns, portanto, estão com as portas do intercâmbio abertas para o Plano Astral, ocasião em que acabam caindo nas mãos de possíveis adversários de outrora desencarnados, vampirizadores e desocupados do Além-túmulo.

Nenhuma religião ou doutrina pode impor ao homem a condição de sua vida atrasar e "andar" para frente ou para trás, visto que cabe a cada cidadão a sua colheita, alvissareira ou não. O aprendizado que lhe servirá de ensino e lição é decorrente unicamente da semeadura de seus atos e de suas atitudes, assim como o caranguejo anda para trás à noite no lodo putrefato e o sabiá canta no sopé das árvores ao alvorecer, pois as leis que regem a harmonia cósmica são iguais para todos e dão a cada instrumento da criação a vibração e ressonância que são peculiares ao seu estado evolutivo consciencial.

AXÉ – liberação etérica

Essa força fluídica que em tudo está é da natureza universal, independentemente do nome que queiramos designá-la. Os orientais a definem como prana. Numa linguagem mais esotérica, no plano etérico-físico, é fruto de variações da energia primordial que sustenta o Cosmo, em maior ou menor nível de condensação, para se manifestar no meio materializado afim. Existe uma natural, permanente e constante permuta de axé entre os planos vibratórios e as dimensões. Alguns processos químicos, como, por exemplo, decomposição orgânica, evaporação, volatização e corrosão de certos elementos, liberam axé. É possível a liberação de axé do plano físico para o éter espiritual intencionalmente, por meio da queima de ervas e macerações, ou nas oferendas rituais com frutas, perfumes, água, bebidas e folhas.

AXÉ e ciclo vitalizador

Na Umbanda, o aparelho mediúnico é o meio vitalizador do ciclo cósmico de movimentação do axé, que o retroalimenta. Sendo usina viva de protoplasma sanguíneo (ectoplasma específico gerado a partir do citoplasma das células), a cada batida do seu coração a energia vital circula em sua aura, por meio do corpo etérico, repercutindo em extratos vibratórios nos corpos mais sutis e volatilizando no Plano Astral. Assim, os Espíritos mentores, quais pastores de ovelha tosquiando a lã nas quantidades exatas que se renovarão, apoiam-se nos médiuns, e estes fornecem a energia vital indispensável aos trabalhos caritativos. O amor dos guias espirituais, enviados dos Orixás na prática da caridade umbandista, não combina com a imolação de um animal ou o sacrifício de uma vida para elaboração de uma oferenda votiva com a intenção de estabelecer o intercâmbio com o "divino", objetivando com isso uma troca de axé ou atendendo a pedidos pessoais acionados por trabalhos pagos. Existem Espíritos mistificadores, muitos dos quais fazem-se passar por verdadeiros guias da Umbanda, que pedem sacrifícios e comidas a fim de vampirizar esses fluidos. Estes Espíritos são dignos de amparo e socorro, o que é feito pelas falanges de Umbanda.

AXÉ e ectoplasma

Durante a manifestação mediúnica no terreiro, são liberadas grandes quantidades de ectoplasma, decorrentes do próprio metabolismo orgânico dos médiuns e da multiplicação celular realizada em nível de plasma sanguíneo (na verdade, uma variedade de axé). Portanto, estamos sempre produzindo novas matrizes celulares, e a cada sete anos, em média, temos um corpo físico "novo". Nossa fisiologia é sensível à produção de um manancial fluídico consistente e necessário, uma espécie de "combustível" indispensável às curas, aos desmanchos de magias e a outras atividades espirituais que ocorrem nas sessões mediúnicas, inclusive as cirurgias astrais.

AXÉ e mediunidade

O axé é importantíssimo para a realização de todos os trabalhos mediúnicos. Na Umbanda, o método de movimentação dessa substância difere dos utilizados em outros cultos aos Orixás, pois a mediunidade é sua ferramenta propulsora e condutora. É por meio da força mental do médium, potencializada pelos Espíritos-guias, que são feitos os deslocamentos de axé-fluido-energia. Os elementos materiais também podem ser utilizados, funcionando como potentes condensadores energéticos, mas não são indispensáveis. É preciso prevalecer o mediunismo, e os elementos materiais precisam ser encarados como importante apoio, sem que deles se crie uma dependência psicológica ritualística.

AXÉ e movimentação dos falangeiros

Entendemos que o equilíbrio na movimentação de axé se deve ao fato de que são utilizadas quantidades precisas e necessárias à caridade, não existindo excesso ou carência. Tanto os fluidos liberados pelos elementos materiais manipulados quanto pelo axé trazido pelos guias das matas e do Plano Astral, associados aos fornecidos pelos médiuns, não há nenhum excesso. É preciso ainda considerar que uma parcela da assistência é doadora natural de axé positivo, o que se dá em virtude da fé, da veneração e da confiança no congá e nos guias espirituais. Toda a movimentação de axé é potencializada pelos Espíritos que atuam na Umbanda, que são os falangeiros dos Orixás, que têm o poder mental para deslocar o axé relacionado com cada Orixá e seu sítio vibracional correspondente na natureza. Todos esses procedimentos de atração e movimentação de axé não são baseados em trocas, obrigações, barganhas, "toma lá dá cá", e sim na caridade desinteressada. Falar em movimentação de axé sem citar Exu é como andar de sapatos sem solas: um faz parte do outro. É Exu, enquanto vibração, que desloca o axé entre os planos vibratórios; ele é o elemento dinâmico de comunicação dos Orixás que se expressa quando o canal da mediunidade é ativado.

AXÉ é o fluido cósmico universal

Axé é o fluido cósmico universal. Tudo tem axé: os minerais, as matas, as folhas, os frutos, a terra, os rios, os mares, o ar, o fogo. Todos nós, seres vivos, animamos um corpo físico que é energia condensada e que também pode ser definido como "uma usina de fluido animal" (um tipo específico de axé), pois estamos em constante metabolismo energético para a sustentação biológica da vida, que é amparada por um emaranhado de órgãos, nervos e músculos, os quais liberam, durante o trabalho de quebra de proteína realizado no interior de suas células, uma substância etérico-física que os mentores espirituais utilizam em forma de ectoplasma.

AXÉ e sustentação da prática umbandista

Como o axé é o sustentáculo da prática litúrgica umbandista, precisa ser regularmente realimentado, pois tudo o que entra sai, o que sobe desce, o que abre fecha, o que vitaliza se desvitaliza, para haver um perfeito equilíbrio magístico entre a dimensão concreta (física) e a rarefeita (espiritual). Sendo assim, mesmo que não manifestado pelo mecanismo da incorporação, pois existem terreiros que não permitem a manifestação dessa vibratória no psiquismo de seus médiuns, Exu é o elo indispensável no ritual de Umbanda. Por essa razão, não é necessário usar o axé do sangue nos trabalhos, hábito atávico que permanece em outros cultos, os quais respeitamos, sem emitir quaisquer julgamentos, uma vez que não somos juízes de nenhuma religião, embora nossa consciência não aceite a prática de tais atos litúrgicos, mesmo com fins "sagrados".

BANHO de defesa

Banho utilizado para a proteção da integridade energética dos chacras. Serve como um escudo vibratório, preservando esses transformadores de energia de certas emanações altamente nocivas, como a dos rituais de desmancho de feitiçarias, que exigem manifestações de Espíritos sofredores presos nos despachos sanguinolentos de encruzilhadas ou em covas onde foram enterrados objetos de uma determinada pessoa que objetivou sua doença. Também é utilizado se tivermos que "meter a mão" em algum despacho que é feito na porta da nossa casa ou do terreiro, pois, infelizmente, isso ainda existe. Da mesma forma, utilizamos esse tipo de banho quando vamos, por algum motivo, visitar outro agrupamento mediúnico e não temos certeza de sua idoneidade. Lamentavelmente, muitos usam o nome da Umbanda mercadejando a fé alheia, assim como tantos outros, veladamente, introduzem nos rituais imolações e sacrifícios animais para serem mais rápidos e "fortes" nos trabalhos, visando atrair mais e mais consulentes e aumentar a arrecadação.

BANHO de descarga
com ervas

Trata-se de um banho mais elaborado, que não é tão popular quanto o de sal grosso. Seu efeito é mais duradouro, embora não seja tão invasivo. Algumas ervas são dispersivas de fluidos e limpam a aura, desintegrando miasmas, larvas astrais e outras negatividades. Uma erva excelente para este tipo de banho é a folha do tabaco, na sua falta, usa-se o fumo de rolo macerado.

BANHO de descarrego

Esse tipo de banho talvez seja o mais conhecido, tendo como objetivo a descarga das energias negativas. Em nosso dia a dia, passamos por locais e trocamos energias com várias pessoas. Na coletividade, predominam os pensamentos pesados eivados de irritação e ansiedade. A egrégora que se forma nos locais de aglomeração humana favorece a criação de miasmas, larvas e vibriões astrais que, pouco a pouco, vão se aderindo aos transeuntes e se alimentando de seus fluidos vitais. Mesmo em constante vigilância, a exposição diária a essa teia de pensamentos deletérios nos faz frágeis, o que torna impossível nos protegermos, dado que, em determinados momentos da rotina diária, nosso padrão mental cai e abrimos a guarda. Os banhos de descarga ajudam a nos livrarmos dessas energias negativas. Há, basicamente, dois tipos: banho de sal grosso e banho de descarrego com ervas.

BANHO
de descarrego com sal grosso

É bastante utilizado e de fácil realização. Feito de sal grosso marinho, trata-se de um ótimo condutor elétrico que descarrega os íons dos átomos com excesso de cargas negativas (ionizados). Atua no duplo etéreo, tirando as energias negativas por um processo de desmagnetização.

Depois do banho de sal grosso – na verdade um banho de introdução –, é importante tomarmos outro banho ritualístico, pois foram descarregadas as energias negativas e positivas, podendo nos deixar desenergizados, o que só é revertido com outro tipo de banho, dessa vez de fixação, e não de desimpregnação. Por essa razão, não descrevemos como se fazem os banhos e recomendamos muito critério a quem os toma. Não devemos banalizar e fazê-los todos os dias. Os banhos não substituem a reforma íntima e as boas intenções da alma, que vêm de dentro para fora.

BANHO de energização

É realizado após os banhos de descarrego, restabelecendo o equilíbrio entre as cargas negativas e positivas dos átomos e das moléculas etéricas componentes dos chacras. Recomendado em dias de trabalho mediúnico, especialmente nas sessões em que o médium se sente cansado após o término. Utiliza-se esse banho independentemente de sermos médiuns ou não. Indicamos um banho fácil de fazer e que pode ser tomado por qualquer pessoa, não causando nenhum mal-estar: pétalas de rosas brancas, amarelas ou vermelhas, alfazema e alecrim.

BANHO
de ervas – efeito energético

Na Umbanda, utiliza-se, frequentemente, os banhos de ervas maceradas para "descarrego" e "limpeza". Por intermédio das substâncias fitoterápicas contidas nessas plantas, projetam-se forças amorosas em frequência vibratória dinamizada pelos Espíritos assistentes, polarizam-se os chacras despolarizados e removem-se os miasmas e fluidos deletérios da aura do assistido. Como são energias e fluidos mais densos, geralmente originados por maus pensamentos, que são um tipo de feitiço, os princípios naturais contidos nas ervas agem removendo-os, por sua densidade e semelhança com os elementos da natureza.

BANHO de ervas para fortalecimento dos médiuns

Em determinados momentos do calendário de atividades anuais caritativas, o medianeiro começa a sentir fraqueza generalizada, acompanhada de dor de cabeça, indisposição e desgaste geral. Além da reenergização regular na mata, cachoeira e no mar, associada ao amaci semestral, o médium deverá tomar banhos de ervas do pescoço para baixo, fortalecendo seus chacras com plantas afins com os seus Orixás regentes e guias em preceitos de fixação, consagração, proteção e descarga vibratória, para harmonizar o complexo fluídico (corpos e chacras).

BANHO de fixação

O banho de fixação tem finalidade mediúnica e é velado, fechado ao público, pois faz parte de rituais internos de magia, iniciação ou consagração. Esse banho é feito por Orixás com as ervas astromagnéticas afins às suas sagradas energias e deve ser conduzido por quem é médium e sacerdote. Objetiva um contato límpido e profundo com os guias. Os chacras vibram em similaridade vibratória com o Orixá do neófito que está sendo iniciado ou consagrado para o futuro sacerdócio dentro da Umbanda, tornando a sua mediunidade bem-apurada para o ritual. As ervas manipuladas são ligadas ao Orixá regente do médium e, por sua vez, aos guias que o assistem, sendo prescritas por genuínos chefes de terreiro, médiuns magistas e de incorporação, que obtêm verdadeira e profunda cobertura espiritual de quem entende do riscado: as entidades astrais da Umbanda.

BANHO ritualístico – efeito no duplo etéreo

Os banhos ritualísticos fazem parte de um ritual que objetiva a extração e a intencional troca energética com a natureza, a fim de conseguirmos com mais facilidade o equilíbrio energético dos nossos chacras. Associados à elevação dos pensamentos e a uma conduta reta, os banhos servem para remover energias negativas, melhorando a recepção mediúnica pelo alinhamento e pela desobstrução dos chacras. Quando feitos de forma mecânica, sem nos ligarmos mentalmente com as energias benfazejas da natureza e dos Orixás, o que nos exige um comportamento prático de altruísmo, amor ao próximo, perdão das ofensas e total desinteresse pessoal no mediunismo, os banhos perderão seu efeito.

A fisiologia do banho se explica na contraparte etérea do corpo físico, mais conhecida como duplo etéreo. Os elementos materiais utilizados, quando dispersos na água e jogados sobre os chacras, repercutirão como se tivessem o efeito de uma explosão energética, impulsionando o prana (éter vital ou axé) num movimento de ascensão e descenso vibratório concomitantes, impactando nos corpos astral e mental, bem como nos chacras e, finalmente, no corpo físico.

BATER palmas – efeitos energéticos

As mãos são polos eletromagnéticos – esquerda (-) e direita (+) –, por isso quando as duas mãos ou polos se tocam é como se formassem um curto-circuito, saindo faíscas etéricas das palmas. Quando os Pretos Velhos em suas manifestações batem palmas, durante os atendimentos, é como se essas faíscas fossem "detonadores" de verdadeiras "bombas" de ectoplasma, que desmancham formas astrais diversas, campos de forças e feitiços em geral.

BEBIDAS alcoólicas – desintegração de miasmas

A utilização de bebidas com alto teor alcoólico é explicado pelas leis de atração e repulsão de Newton. O álcool volatiliza-se rapidamente, servindo de condensador energético para desintegrar cargas de miasmas pesados que ficam impregnadas nas auras dos consulentes. Toda forma de pensamento elementar é de vibração densa, e a dispersão do álcool no éter apresenta capacidade de atração, repulsão e dispersão, por ser um elemento que interpenetra vibratoriamente, além de ser o meio volátil que faz a assepsia do ambiente.

CABOCLOS de Ogum
e as falanges socorristas

Os Caboclos de Ogum são os que têm autoridade no Plano Astral para liberar os trabalhos e as movimentações das falanges socorristas quando se requer a atuação caridosa dos Agentes Mágicos – Exus entidades –, mesmo que sejam requeridas vibrações de outros Orixás (Oxóssi, Xangô etc.) para os trabalhos. Os Caboclos de Xangô planejam a ação, mas quem libera a execução são os Caboclos de Ogum. As entidades Exus são os executores cármicos. Essa divisão não significa superioridade/inferioridade, e sim organização e disciplina do "lado de cá", visto que são numerosos os Espíritos nas "frentes de batalha" da caridade, vários ainda reencarnantes e em aprendizado corretivo, o que requer organização, autoridade e comando firme, mas sempre com amor e humildade.

CABOCLOS e suas características

Os Caboclos são Espíritos de índios brasileiros, sul ou norte-americanos, que dispõem de conhecimento milenar xamânico do uso de ervas para banhos de limpeza e chás para auxílio à cura das doenças. São entidades simples, diretas, por vezes altivas, como velhos índios guerreiros. Com sua simplicidade, conquistam os corações humanos e passam confiança e credibilidade aos que procuram amparo. São exímios nas limpezas das carregadas auras humanas, experientes nas desobsessões e nos embates com o Astral Inferior. Na magia que praticam, usam pembas para riscar seus pontos, fogo, essências cheirosas, flores, ervas, frutas, charutos e incenso.

CACHIMBO, charuto e a manipulação do elemento fogo

O cachimbo do Pai Velho ou o fumo do cacique não tem relação com o estado evolutivo das consciências dessas entidades. Muitos mentores elevados da mesa kardecista, doutores da lei ou médicos laboriosos dão consulta como humilde e desconhecido Caboclo ou Preto Velho, realizando "mandinga" com as emanações etéricas da manipulação do fogo que o braseiro do charuto ou cachimbo oferecem, desmanchando miasmas, placas e fluidos deletérios que estão "grudados" nos campos energéticos dos consulentes.

CAMPOS vibratórios elevados

Nos campos vibratórios ou planos mais elevados, os Espíritos relacionam-se por intermédio do pensamento puro, sem apoiarem-se nas formas conhecidas na Terra e cuja capacidade intelectiva e de abstração para conceber os encarnados ainda não adquiriram. A natureza não dá saltos, e o tempo, implacável professor, tudo educa e faz evoluir para a plena compreensão da vida oculta, pois suas percepções e sentidos carnais são limitados. Nesses trabalhos com agentes etéricos, no auxílio aos encarnados, são realizadas verdadeiras varreduras energéticas e remoções astrais dos causadores de catástrofes e de doenças coletivas, sempre com respeito às leis de causalidade que regem o mundo maior. Esses trabalhos são feitos quando organizações malévolas e seus magos negros principiam distúrbios e desequilíbrios, os mais variados, na ordem natural. Às vezes, esses planos visam às obsessões e vampirizações coletivas. Para toda ação no mal existe uma ação correspondente no bem, como preconizava Zoroastro na Pérsia antiga, há aproximadamente 700 anos antes da vinda de Cristo.

CÂNTICOS
de Umbanda – significado

A música eleva ou diminui a frequência cerebral e as descargas eletromagnéticas, aumentando ou diminuindo as sinapses nervosas. Os mantras, os cânticos sagrados, sempre foram muito utilizados em todas as tradições, como na Índia e no Egito Antigo, proporcionando, quando repetidamente utilizados, profunda inspiração devocional e facilitando a concentração. Na Umbanda, a formação da egrégora e a canalização das emoções do corpo mediúnico são realizadas por meio de cânticos, que apuram as vibrações, reequilibram a mente com o corpo e facilitam a sintonia com os guias e protetores espirituais.

CANTIGAS e sonoridades
dos Caboclos

Os homens afoitos e zelosos das purezas doutrinárias criticam os Caboclos da Umbanda quando assoviam, cantam, assopram e chilreiam como pássaros, baforando o charuto. A estreiteza de opinião oriunda do desconhecimento, aliado ao preconceito, favorece as "superioridades" doutrinárias e as interpretações sectárias.

Os fundamentos dos mantras e seus efeitos curativos (vocalização de palavras mágicas) fazem parte dos ritmos cósmicos desde os primórdios da civilização terrena. Os vocábulos pronunciados, acompanhados do sopro e das baforadas, movimentam partículas e moléculas do éter circundante do consulente, impactam os corpos astral e etérico, expandindo a aura e realizando a desagregação de fluidos densos, miasmas, placas, vibriões e outras negatividades.

Assim como as muralhas de Jericó tombaram ao som das trombetas de Josué, os cânticos, tambores e chocalhos dos Caboclos desintegram poderosos campos de força magnetizados no Astral, bem como o som do diapasão faz evaporar a água. Os infra e ultrassons do Logos, o Verbo sagrado, deram origem ao Universo e compõem a tríade divina: som, luz e movimento. Como o macrocosmo está no microcosmo, e vice-versa, se forem pronunciadas determinadas palavras contra um objeto ou ponto focal no Espaço, mentalizando a ação que esse som simboliza, será potencializada a intenção pelo mediunismo do Caboclo manifestado no médium, e energias correspondentes serão movimentadas. Ao mesmo tempo, cada chacra é uma antena viva dessas vibrações que repercutirão nas glândulas e nos órgãos fisiológicos, alterando os núcleos mórbidos que causam as doenças, advindo as "notáveis" curas praticadas na Umbanda.

É comum religiosos e exímios expositores de outras doutrinas acorrerem a ela, sorrateiramente, às escondidas, com os filhos ou eles mesmos adoentados, ditos incuráveis pela medicina materialista, tendo sua saúde reinstalada, para depois nunca mais adentrarem um terreiro. A todos, o manto da caridade dá alento, sem distinguir a fé fragmentada de cada um.

CATARSES
e mediunismo – necessidades atuais

Cada coisa requer o espaço e o tempo adequados. Assim como a água que sacia a sede pode afogar e o fogo que aquece também chamusca, um leão, para dormir com o carneiro, precisará alterar o seu sistema digestivo.

Os mundos superiores e o mentalismo aquariano podem ser compreendidos pelos intelectos humanos, mas requerem espaço e tempo adequados para que sejam plenamente interiorizados. A antecipação aligeirada de alguns, como se fossem eleitos "direitistas" do Cristo, demonstra a instabilidade espiritual dessas almas, que recaem em condicionamentos dispensáveis. O desprezo pelo corpo e pelas energias animais não está de acordo com a evolução da consciência coletiva e com o atual estágio vibratório da Terra.

As catarses liberam enormes quantidades de energias que são utilizadas para socorrer, recompor membros e plasmar alimentos para as comunidades do Astral Inferior. O desprezo sub-reptício de alguns espiritualistas e fraternidades pelo umbral não está alinhado com o novo que catapulta todos vocês a uma postura ativa na caridade do Terceiro Milênio. Os mundos superiores são alcançados pelos simples de Espírito, que aliam conhecimento à sabedoria de como aplicá-lo, assim como fazia Jesus entre os doentes e possuídos que tinham o contato direto do Rabi. Quando o Divino Mestre foi questionado por que buscava os leprosos, Ele respondeu: "Eu estou entre vós como o que serve".

Com esse exemplo, procurem resgatar o Cristo em vocês.

Observações do médium

É importante ficar claro que, no trabalho universalista com a mediunidade, devemos estar receptivos a todas as vibrações que os amigos espirituais permitem chegar até nós, sem bloqueios preconceituosos, com confiança na cobertura do "lado de lá".

Vamos exemplificar: num recente atendimento, uma consulente apresentava lúpus eritematoso (um tipo de tuberculose cutânea) há três anos, sem cura, mesmo tendo procurado vários médicos. Quando ela contava que a moléstia tinha aparecido repentinamente, percebemos uma iniciação do passado, ligada às energias dos antigos ritos de uma tribo da África. Assim, os amigos espirituais autorizaram essas vibrações a "entrar" na corrente mediúnica, por intermédio de manifestações mediúnicas, para desfazer um enfeitiçamento encomendado pelo ex-sogro da consulente, à época em que ela desmanchou o noivado com o filho dele, coincidentemente, há três anos. Esse feitiço, realizado em sepulcro de um cemitério da cidade, estava distorcendo o merecimento e o carma da atendida.

A Espiritualidade buscou uma iniciação de passado remoto, realizada em uma tribo ancestral onde a consulente havia reencarnado, a fim de fixar certas energias originais no seu campo energético. Ou seja, não se desfez a iniciação antiga, ao contrário, ela foi polarizada, fixando-se no campo vibratório da atendida algo salutar que havia acontecido há centenas de anos.

Se tivéssemos preconceito quanto às formas com que a Espiritualidade se manifesta no Plano Astral, bloquearíamos a assistência do "lado de lá", necessária pela afinidade própria da consulente. A iniciação de cura na vibração de um culto ancestral, em uma tribo da velha África, neutralizou o trabalho de magia negra feita no presente, que manipulou restos cadavéricos de duplos etéreos capturados em tumba mortuária, imantando-os no campo áurico da consulente, por meio de rituais de sangue. O magnetismo intenso do sangue atrai esses cascões astrais, que assim são aprisionados.

Foi muito gratificante percebermos pela clarividência uma legião de artificiais plasmados por Vovó Maria Conga adentrando a parte física do templo e se confundindo no quadro astral que se formou, como se eles estivessem movimentando brasas de carvão no solo seco de outrora, fazendo poeira ao arrastar galhos cheios de folhas verdes de plantas curativas, num chão de terra avermelhada de uma antiga região de um país da África.

Os guias e protetores utilizam os recursos afins para cada consciência, em conformidade com o seu merecimento e livre-arbítrio. Isso é factual, atemporal, da natureza, isto é, está acima das nossas vontades egoístas. Eles não se prendem aos preconceitos de uma encarnação limitada no tempo.

Terminando estas observações, Ramatís nos deu a seguinte mensagem: cada culto, em particular, deve preservar as suas características peculiares que satisfaçam às consciências, que, por sua vez, se aglutinam nas instituições da Terra. Vocês não devem tecer julgamentos belicosos, mesmo quando se sentirem entristecidos, como na ocasião dos dispensáveis sacrifícios animais que são defendidos por muitos, até mesmo em passeatas públicas.

O atual estágio de consciência coletiva, estruturado pelas condutas individuais em pequenos agrupamentos, como células e moléculas que se somam formando um organismo maior, ainda impõe as separações que batizam o *mediunismo na Terra. Isso acontece porque vocês não têm condição evolutiva de vivenciar na alma o universalismo em sua plenitude. A unificação ocorrerá quando for de senso comum que a tarefa deve ser realizada na essência do amor e da caridade, e não da forma que essa essência sublimada se manifesta aos seus escassos sentidos, presos na forma física transitória.*

Ao fazerem o bem e auxiliarem o próximo junto com os amigos espirituais nas lides da apometria, devem estar convictos de que as vibrações e as formas astrais ligadas às nações das antigas África, Índia, Pérsia, Egito, Grécia, China, Tibete, Américas, entre outras, rotuladas pelos homens e sua religiosidade, não são o que mais importa. Mais importante é a caridade realizada em nome do Cristo, assim como Jesus praticava suas ações redentoras totalmente liberto dos templos e das religiões de sua época. Tenham sempre o amor dentro do coração no amparo ao próximo, que todo o resto necessário para o auxílio dos sofredores será dado por um acréscimo da misericórdia divina.

CEMITÉRIOS – campo santo, proteção de Exu

É importante considerar que o cemitério é um local de movimentação coletiva, portanto, quanto maior o número de enterros diários, mais reforçada é a proteção. Não é à toa que na Umbanda é chamado de campo santo. Existem barreiras magnéticas de proteção e falanges espirituais zelando pelos desligamentos. Consideremos que as tumbas mortuárias são quase inexpugnáveis, salvo nos casos em que são permitidas as violações no Astral. Tenhamos em mente que determinados Espíritos, suicidas indiretos (como os alcoolistas, os viciados em drogas e os motoristas que ultrapassaram os limites de segurança e acabaram morrendo prematuramente), não cumpriram o prazo necessário de permanência nos corpos físicos, visto que vieram programados com um *quantum* de energia para "x" anos de vida. Quando interrompem essa programação, mesmo que inconscientemente, precisam cumprir o prazo de vida restante, ficando seus perispíritos "grudados" nos despojos carnais, ou seja, não serão desligados dos restos cadavéricos até que expire o tempo de vida que ainda teriam que viver. Nesses casos, os Exus de cemitérios zelarão pela integridade das tumbas mortuárias, como também acompanharão e assistirão de perto os desligamentos daqueles que têm merecimento.

CONGÁ e suas funções

O congá (altar umbandista) é o mais potente aglutinador de forças dentro do terreiro: é atrator, condensador, escoador, expansor, transformador e alimentador dos mais diferentes tipos de energias e magnetismo. Existe um processo de constante renovação de axé que emana do congá, como núcleo centralizador de todo o trabalho na Umbanda. Cada vez que um consulente chega à sua frente e vibra em fé, amor, gratidão e confiança, renovam-se, naturalmente, os planos espiritual e físico, numa junção que sustenta toda a consagração dos Orixás na Terra, na área física do templo.

Mais detalhadamente, estas são as funções do congá:

* **Atrator:** atrai os pensamentos que estão à sua volta num amplo magnetismo de recepção das ondas mentais emitidas. Quanto mais as imagens e os elementos dispostos no altar forem harmoniosos com o Orixá regente do terreiro, mais é intensa essa atração. Congá com excessos de objetos dispersa suas forças.

* **Condensador:** condensa as ondas mentais que se "amontoam" ao seu redor, decorrentes da emanação psíquica dos presentes – palestras, adoração, consultas etc.

* **Escoador:** se o consulente ainda tiver formas-pensamento negativas, ao chegar na frente do congá, elas serão descarregadas para a terra, passando por ele (o congá) em potente influxo, como se fosse um para-raios.

* **Expansor:** expande as ondas mentais positivas dos presentes; associadas aos pensamentos dos guias que as potencializam, são devolvidas para toda a assistência num processo de fluxo e refluxo constante.

* **Transformador:** funciona como uma verdadeira usina de reciclagem de lixo astral, devolvendo-o para a terra.

* **Alimentador:** é o sustentador vibratório de todo o trabalho mediúnico, pois nele fixam-se no Astral os mentores dos trabalhos que não incorporam.

CONSAGRAÇÕES no ritual de Umbanda

Na magnetização, o poder mental do médium é potente dínamo para todo o processo. Já nas consagrações, que ampliam o magnetismo aplicado, há a intenção coletiva de que o objeto venha a ser o veículo condensador, o ponto de apoio mental de quem o utilizará, direcionado a um determinado fim, normalmente de proteção e fixação vibratória dos Orixás, guias e protetores do médium. Na ritualística, o objeto estando consagrado, fica o médium autorizado a utilizá-lo normalmente no transcorrer dos trabalhos mediúnicos e, se for o caso, fora do terreiro.

Um ritual de consagração muito conhecido faz parte da "magia da missa" no catolicismo. A purificação do pão e do vinho, as bênçãos circunspectas, a prece de consagração acompanhada de cânticos coletivos, a lembrança e a comemoração da eucaristia, a invocação cerimonial do Cristo-Jesus e a intermediação dos elementos oferecidos – verdadeiros catalisadores mentais dos assistentes – criam formas-pensamento grupais. É uma egrégora coletiva que oferece as condições vibratórias necessárias para o enorme rebaixamento de energias angélicas que chegam até vocês do Espaço, aliviando-os dos males existenciais, verdadeiramente como se o Cristo estivesse pulsante em seu interior.

CURIMBA, a magia do som – orquestra musical umbandista

Na saudação de abertura, louvamos o Orixá regente do congá e o guia-chefe, se for o caso. Nos pontos cantados de chamada, são invocadas todas as entidades que se manifestam por intermédio dos médiuns. Durante a sustentação, são entoadas cantigas, enquanto os consulentes tomam os passes e fazem suas consultas. Nessa fase do ritual, a gira está correndo, como se diz. No instante da descarga, canta-se para que as energias negativas não fiquem no terreiro e para que retornem à natureza, encerrando assim com os cânticos. Obviamente, esse roteiro é básico, visto que existem variações conforme os trabalhos da noite e de casa para casa.

Os toques do atabaque também têm a função de auxiliar a concentração da corrente mediúnica, uniformizando os pensamentos e não deixando a desatenção instalar-se. Associados aos cantos, envolvem a mente do médium, não deixando que se desvie do propósito do trabalho espiritual.

A curimba transformou-se em um potente "polo" irradiador de energia benfazeja dentro do terreiro, expandindo as vibrações dos Orixás. Os cânticos são verdadeiras orações cantadas, ora invocativas, ora de dispersão ou de esconjuras. Também são excepcionais ordens magísticas com altíssimo poder de impacto etéreo-astral que concretizam, no campo coletivo, o que era abstrato individualmente por intermédio das mentes unidas com o mesmo objetivo. É um fundamento sagrado e divino chamado dentro da Umbanda de "magia do som".

Há que se comentar que os guias não são chamados pelos atabaques, como muitos dizem por aí, pois eles já estão presentes no espaço astral do terreiro muito antes do início das atividades programadas. Os toques no atabaque, os cantos, as palmas, enfim, a curimba, por si sós não fazem a ligação com o plano espiritual e com os seus habitantes, servindo apenas como sustentadores. Os Orixás e os mentores são invocados pelos nossos sentimentos elevados e pensamentos positivos emitidos. Se não houver harmonia no grupo, cumplicidade, confiança e amor em nossos corações, de nada servirão todos esses recursos sonoros, e eles só potencializarão a desarmonia, a desconfiança e o desamor. O elemento sustentador está em cada um de nós, o que está fora apenas potencializa o que temos dentro.

Tambor, tambor,
Vai buscar quem mora longe;
Tambor, tambor,
Vai buscar quem mora longe:
Vai buscar Oxóssi na mata,
Xangô na pedreira,
Ogum no humaitá,
Iemanjá na beira d'água,
e Oxum na cachoeira.

DEMANDAS astrais

O movimento no Plano Astral é cada vez maior. Muito Espíritos maldosos e renitentes estão se rebelando contra todos, num último levante antes de serem encaminhados para outras paragens cósmicas ou reencarnarem compulsoriamente em corpos defeituosos. Isso estabelece enormes demandas astrais, em que os grupos mediúnicos da Terra estão sendo muito solicitados, sendo que as falanges de Espíritos benfeitores, muitas de extraterrestres, estão trabalhando ininterruptamente em resgates nas zonas abismais e nas populações da subcrosta terrestre, demonstrando o amor assistencial do Pai por todos os seus filhos.

DEMARCAÇÃO ritualística

A função dos pontos cantados é demarcar as diversas etapas ritualísticas: defumação, abertura da sessão, saudação do congá, chamada das linhas, entre outras. Isso pode perfeitamente ser adotado sem o apoio da curimba. Por outro lado, existem acordes específicos, muito utilizados na batida dos tambores nas culturas afro-indígenas e xamânicas, que podem ser utilizados como apoio à concentração dos médiuns e para alguns trabalhos no Astral. Esses acordes são bem diferentes de batidas ensurdecedoras, parecidas com batucadas carnavalescas, atingindo até altas horas da madrugada, que só enfraquecem a contextura psíquica dos médiuns e ainda perturbam a vizinhança.

DEMONIZAÇÃO de Exu

A nação africana que mais influenciou a formação das seitas afro-brasileiras com seu fetichismo e suas crenças mágicas foi a iorubá. Os escravos africanos, ao contrário dos índios, que não foram escravizados, idealizaram o sincretismo para poder realizar seus cultos nas senzalas. Inteligentemente, os Orixás foram santificados, correlacionados com os santos católicos mais conhecidos. Após a alforria, essa situação se fortaleceu como forma de integração e legitimação numa sociedade regida pelo catolicismo.

Devido à dualidade da escolástica católica, ou seja, Deus e diabo, na santificação dos Orixás, inevitavelmente, faltava encontrar a figura representativa do diabo. É assim que se instalou nas populações periféricas, pobres, incultas e assustadiças, constantemente ameaçadas de serem jogadas nos caldeirões fumegantes do inferno, a demonização "Exu", que se alastrou rapidamente com o apelo mágico que o envolve. No contexto cultural brasileiro, hegemonicamente católico, esse conceito de "exu" foi o que mais influenciou o imaginário popular e passou por distorções em consequência da amplitude do processo de inclusão social dos cultos que saíram do interior das senzalas e ganharam as ruas e os morros, sendo transfigurado no diabo pelo candente sincretismo.

Para entenderem a origem ancestral da questão, importa destacar que, para os povos iorubás – o que, de certa forma, ocorre até os dias atuais nos clãs tribais –, os homens eram livres para ter muitas mulheres e, consequentemente, tinham muitos filhos. O sexo significa procriação, progresso, sendo cultuado o "exu" Elegbá ou Elegbara, que simboliza a fertilidade, entre um conjunto de divindades de sua religiosidade politeísta, todas reverenciadas com valor evocativo, mágico ou místico.

Diferentemente, no Brasil, o sexo e suas conotações eram fortemente reprimidos e associados ao pecado, fazendo com que o lado fértil desse "exu" fosse muito dissimulado. A imagem, forjada pela conservadora sociedade católica, ao contrário da liberalidade desprovida de culpa, autoflagelação e penas eternas dos iorubás, extirpou o esplendor reprodutivo do explícito Elegbá ou Elegbara, tradicional no panteão africanista, distorcendo ao máximo os símbolos de fertilidade, da mesma forma como ocorreu com Príapo, deus greco-romano classificado como herético pela Inquisição.

Com o avanço das concepções judaico-cristãs-católicas sobre as antigas religiões dos Orixás ligadas às nações africanas, ao qual se juntou o espiritismo kardecista no final do século XIX, esse "exu" foi empurrado cada vez mais para o lado do mal. Esse fato se intensificou com os seguidores sincréticos da Umbanda e persiste potencializado e distorcido em muitos terreiros "umbandistas" e centros espíritas por influência de suas lideranças, que não estão muito preocupadas com a verdadeira orientação crística e universalista de seus adeptos.

DESCARGA energética – energização dos médiuns

Com o cântico de Iemanjá e o elemento aquático que se liga ao sítio vibracional do mar; Iansã e o elemento eólico que se enfeixa com as correntes aéreas; Exu que é movimento; e Omulu e o elemento telúrico da Terra em seu potente magnetismo de atração se dão as incorporações aos finais dos trabalhos, reenergizando os médiuns e, ao mesmo tempo, deslocando todos os fluidos negativos para a natureza transmutadora. Essa dinâmica de descarga energética se apoia na utilização de três alguidares (vasilhames de argila) com água, cachaça e terra, que são jogados ao final em um jardim, e o uso de fogo (álcool), que é utilizado em todos os trabalhos.

DESDOBRAMENTO espiritual – incursão nos charcos trevosos

O desdobramento espontâneo é aquele que ocorre de maneira natural durante o sono físico do encarnado. À semelhança de um estilingue finamente trabalhado pelo marceneiro no evo dos tempos, quanto maior é a extensão da tira elástica que arremessa a pedra ao alto, tanto maior será o impulso que solta os corpos mediadores. Quanto mais lapidados estiverem os instintos e os sentimentos inferiores do ego, menor será a força que o mantém preso à imantação das cargas contrárias, positivas com negativas, comuns no invólucro carnal, que é tanto mais intensa quanto mais próximo da crosta do orbe. Isso é oriundo das leis físicas cósmicas, em que as cargas de mesmo sinal se atraem, e as de sinal diferente se repelem.

Diante da força atrativa, que une um específico corpo a outro, agimos com cargas contrárias, de sinal diferente, gerando a força repelente e separando os corpos visados, que antes estavam unidos magneticamente. Conforme o trabalho de caridade que estivermos participando e do local planejado, para o qual temos que nos deslocar, utilizamo-nos do corpo correspondente, separado do equipo físico do instrumento mediúnico.

Podemos estar em incursões nos charcos trevosos e nas cidades umbralinas, abaixo da crosta planetária, em atividades de varredura energética, de remoção e de recomposição dos irmãos com deformações perispirituais, casos em que nos utilizamos, principalmente, do corpo etérico. Em outras ocasiões, acompanhamos grupos de estudos em paragens onde o pensamento é perene, fazendo-se necessário o corpo mental. Nas atividades de transporte, de mudança de localidade astralina, acopla-se o corpo astral do medianeiro às entidades resgatadas. Doravante, nos referiremos aos corpos físico, etérico, astral e mental.

É tudo muito simples, não fazendo-se necessário adotar termos mais complexos e pomposos, que, no fundo, escondem uma falsa aura de saber e especialização, tão habituais ainda no meio acadêmico-científico e em alguns sábios terrenos e tão infrequentes na sabedoria da Espiritualidade. Com o avanço da experimentação científica no meio espiritualista e a paulatina adesão do meio médico, essas técnicas, aliadas ao exercício mediúnico e à fenomenologia, se predispõem à escrita e verborragia difíceis, dispensáveis, necessárias somente aos egos ainda eivados de vaidade e interesses mundanos, características decorrentes de condicionamentos antigos, que estão no inconsciente, caracterizando uma disputa divisionista, totalmente dispensável. Esquecem-se de que essas técnicas indutivas sempre foram e serão utilizadas pelos Espíritos benfeitores do orbe, desde épocas imemoriais, independentemente de credos, religiões ou raças.

Vocês não devem ficar presos a conceitos tradicionais, excessivamente lineares. Assim como as traças roem o fino tecido que só é usado em ocasiões festivas, as larvas podem roer o canteiro mental escassamente cultivado. Novas explicações que fogem ao instituído, levando-os a uma compreensão mais dilatada, de acordo com suas capacidades de entendimento, "baixarão" da Espiritualidade, tornando-os mais livres, espiritualizados e místicos. A lição de a mente não estar presa a conceitos empoeirados, sobretudo na pesquisa da psique humana e dos fenômenos psíquicos não aceitos pelos cientistas, é muito necessária à ciência terrícola, tão deficitária de humildade em seus pesquisadores. A perquirição humilde será a essência prima que moverá a pesquisa comprometida com as verdades ocultas.

Atentem ao fato de que, assim como na época da codificação da doutrina espírita, começarão a jorrar, da fonte do Altíssimo, novos ensinamentos e conceitos que se completarão e se confirmarão, em diversas localidades do orbe terrestre, comprovadamente verídicos e sem estarem relacionados na sua formulação. Será como um guia epistemológico do Astral a baixar nas lides científicas terrícolas, caracterizando-se como um compilado crítico de natureza e procedência diversas, fundamentado na experimentação fenomenológica de laboratório. Determinará as novas verdades das ciências espirituais ao alcance do entendimento dos homens.

Discorremos, habitualmente, utilizando-nos de alguns recursos de linguagem figurada e de cunho mais simbólico, planejados para alargar as concepções de vocês, tão presas às formas que os envolvem, que embotam a capacidade de abstração, faculdade perceptiva ainda escassa no mundo terrestre. Buscamos ainda mostrar que a ânsia de conhecimento é inerente à existência do homem, embora com novos prismas, ao ritmo oscilatório pendular do relógio da Eternidade.

O Cristo-Jesus, psicólogo, cientista, físico, engenheiro e arquiteto sidéreo, que acompanha a evolução planetária desde antes da existência do orbe, se fazia entender quando da sua estada terrena pela singeleza e simplicidade das parábolas, acessíveis aos homens mais incultos e comuns. Explicava que "o seu reino não era deste mundo", ensinando sobre a natureza espiritual que reside no homem, e não os fatos transitórios concernentes à matéria ilusória. Não adentrava em maiores conhecimentos ocultistas. A sua oratória, que a todos magnetizava, como se fosse medicamento, levava a medida certa do entendimento, fiel posologia divina. Fazia-se método essencial à absorção dos assuntos mais transcendentes, diante da muralha dos ouvintes ignorantes e rústicos, tão apegados às questiúnculas da vida cotidiana: comer, beber, dormir e locupletar-se nos prazeres do corpo. Naquele momento existencial da humanidade, deixou para o futuro o descortinar dos mistérios ocultos.

DESENCARNADOS que habitam a Terra

Esse é um amplo assunto, que foge ao escopo da presente obra e daria facilmente uma outra, por isso não será aqui explicado profundamente. Vocês podem catalogar quatro grandes tipos de habitantes na Terra. O primeiro grupo é composto pelos mais belicosos, os "irremediavelmente perdidos". São aqueles para os quais não existem mais esperanças de continuar neste orbe, por isso estão sendo transferidos para outras localidades cósmicas, atrasadas se comparadas com a Terra. Imorais, concupiscentes, egoístas, maldosos ao máximo, estão há milênios reencarnando e recaindo em condicionamentos arraigados de tal maneira que os levam a fracassarem seguidamente, uma vez após outra.

O segundo grande grupo são os passíveis de "salvamento". São aqueles para quem ainda se abrem as portas para que possam continuar sua jornada evolutiva na Terra, nesta Nova Era planetária. Apresentam-se como náufragos, nadando num vasto oceano revolto que ameaça engoli-los com as ondas tempestuosas. São os fracos de Espírito, os viciados de todas as procedências, os apegados ao sensório prazeroso inferior que o corpo físico pode oferecer, que se esqueceram do Eu Superior e das coisas espirituais.

O terceiro grupo, não tão grande como os dois primeiros, é constituído pelos "redimidos ou salvos" nas diversas provações na carne. São os que passaram por todas as provas dolorosas da vida pela imposição da Justiça Divina, que determina que a semeadura seja livre, mas a colheita obrigatória, e saíram vencedores de si próprios, submetendo o ego inferior à vontade do Eu Superior. São os simples de Espírito, amorosos e fraternos. Muitos continuarão encarnando na Terra, outros adquiriram o passaporte cósmico que os levará à reinserção como cidadãos do Cosmo, conduzindo-os para outros planetas onde a vida se faz de perene felicidade, em corpos mais evoluídos.

O quarto e último grande grupo é formado pelos Espíritos benfeitores, guias e instrutores da humanidade que participam da Grande Fraternidade Universal. Habitam colônias socorristas no Astral, estações interplanetárias extraterrestres, e são cidadãos cósmicos de várias localidades siderais com livre trânsito cósmico.

DESENVOLVIMENTO mediúnico

O desenvolvimento mediúnico na Umbanda é prático e requer um tempo de aprendizado para o médium, a fim de que ele se acostume com as vibrações das entidades e aprenda a ser passivo para deixar o guia se manifestar. Como vivemos a era da mediunidade consciente, esse período é necessário para o autoconhecimento e o aprofundamento da confiança do neófito. É ao lado dos médiuns que estão dando consultas, vendo os cambonos atuando e escutando todo o burburinho da "engira", que os médiuns iniciantes, aos poucos, vão se tornando mais confiantes para, no momento certo, manifestarem os seus guias. Todavia, aprender na prática não dispensa o estudo continuado da Umbanda e de obras espiritualistas universalistas. Deve-se, acima de tudo, desenvolver-se uma cultura nos centros que propicie esses estudos. Esse compromisso é dos dirigentes e diretores das casas, pois a época da mediunidade empírica terminou faz tempo. Agora é a era da mediunidade consciente.

DESENVOLVIMENTO mediúnico e tela etérica

A educação – desenvolvimento – da mediunidade é a oportunidade sagrada de reequilíbrio diante das causas pretéritas: erros, traumas, contendas, magia negativa. Uma das principais causas de ruptura na tela etérica*, localizada no duplo etéreo e associada ao mediunismo, preponderantemente no meio umbandista, é o alto comprometimento em vidas passadas com a magia negativa. Da mesma forma, abusos de substâncias de grande atuação etérica, como álcool e drogas, rompem essa tela, instaurando o desequilíbrio.

Mencionaremos algumas causas prováveis que geram rompimento desse importante invólucro vibratório de proteção do corpo astral:

O excessivo contato com as energias elementais do planeta, onde residem os Espíritos da natureza, a fim de manipulá-los em proveito próprio, desequilibrando os sítios vibracionais planetários.

A manipulação e criação de elementares (formas-pensamento), mais conhecidos como artificiais, visando ao desequilíbrio alheio. Por exemplo, uma forma artificial de "diabo", com pés de bode, rabo, chifres, olhos avermelhados, muito comum nas práticas mágicas populares distorcidas.

A utilização da energia vital do sangue em ritos que objetivam a doença e a desgraça alheia, num processo de escambo com Espíritos densos que ficaram hipnotizados e escravos do poder mental do mago. Mesmo nos ritos de sacralização das religiões de matriz africana, que se utilizam da mortandade de animais, locupletam-se seres desencarnados

---

* A tela búdica ou tela etérica (nome mais apropriado, visto que nada tem a ver com o nível búdico) é uma estrutura magnética situada entre os corpos astral e etérico que serve de proteção à consciência encarnada contra percepções imaturas do Plano Astral e investidas indesejáveis de entidades daquela dimensão.

de baixo escalão vibratório, sedentos da vitalidade emanada dos eflúvios etéricos do sangue. Infelizmente, esses rituais ocorrem com frequência atualmente.

A potencialização das energias planetárias, conhecidas como Orixás, intensificando o aspecto negativo, desequilibrando a dualidade no eletromagnetismo ou linhas de força peculiares. Por exemplo, a vibração de Omulu auxilia o corte do cordão de prata no momento do desencarne, ajudando os socorristas que trabalham nas frentes de desligamento: hospitais, locais de acidente, frentes de batalha, mas todos atuam com a licença de Xangô, para ser justo. O magista negativa essa energia, por meio de oferendas com ritos sanguinolentos que interferem nos campos vibratórios do Astral, almejando o desencarne abrupto ou a desvitalização de seus inimigos, nada tendo a ver com merecimento e em total desrespeito ao próximo.

Tenham em mente que a mediunidade na Umbanda é ativa, logo, é oportunidade divina de retificação diante das leis universais. Cada incorporação de uma verdadeira entidade da Umbanda, seja Preto Velho, Caboclo ou Exu, que atua na magia para equilibrar, dentro da Lei, propicia ao seu aparelho o fechamento gradativo da tela etérica, reequilibrando-o energeticamente. Isso varia caso a caso, e é impossível uma generalização. Quanto mais ostensiva a mediunidade de incorporação na Umbanda, maiores os desmandos na magia negativa em vidas passadas e os níveis de rompimento da tela etérica.

Podemos ainda citar outras formas de rompimento da tela etérica ou búdica e como os processos obsessivos potencializam esses "rombos". As energias que mantêm a harmonia das células e dos tecidos podem sofrer interferência de aparelhos etéricos colocados para causar desarmonia. A ação deletéria desses instrumentos tecnológicos das trevas consegue, nos casos mais complexos, romper a coesão atômica do duplo etéreo, repercutindo negativamente na contraparte física do órgão visado, passando as células a se comportarem como indiferenciadas, aumentando a multiplicação desorganizada e se instalando nelas definitivamente os processos de câncer. Assim, qual formigueiro que se instala no monturo de terra, instala-se um núcleo de tumor maligno. Tal desequilíbrio energético é atingido pelo fato de a organização psíquica da vítima (duplo etéreo) apresentar brechas, que se refletem no corpo físico e podem ser facilmente exploradas em consequência de seu próprio desequilíbrio físico.

DESMANCHES e
varreduras energéticas

Trabalhamos em grupo para segurança dos intentos incursionistas de socorro. Há vários técnicos, cada um dentro de sua especialidade. Os nossos amigos índios peles-vermelhas oferecem apoio e retaguarda nessas verdadeiras batalhas astrais do bem contra o mal. São eles oriundos da colônia espiritual de Juremá, Espíritos de grande evolução e que, por amor aos terrícolas, adotam as configurações perispirituais em que foram muitos felizes há milênios. Já estando libertos do cárcere da carne, laboram incessantemente na caridade, dando-nos grande apoio, seja na manipulação de outros fluidos curativos, que são agregados ao fluido animal do médium, seja na movimentação de verdadeiras falanges que vão na frente "abrindo os caminhos" – um neologismo da Umbanda que define bem esta movimentação estremada. Estabiliza-se uma gigantesca manta magnética, uma bolha contornando o corpo etérico do instrumento mediúnico, à similitude de um cisco que escorre em uma gota de água na vidraça. Os caciques chegam a mobilizar até 5 mil índios, armados com lanças e dardos magnéticos, pois as entidades malévolas que se fazem presentes nesses locais trevosos somente respeitam a força e a atitude coercitiva.

Na maioria das vezes, quando coordenamos esses trabalhos, elas não podem nos ver. Utilizamos o corpo astral, mas não é possível condensá-lo totalmente, pelo fato de, há muito tempo, termos nos desvencilhado do grilhão da carne e do ego aprisionador. Os Pretos Velhos também se fazem integrantes, pois são exímios nos desmanches de bases de feitiçaria e magia dos magos negros.

Nos trabalhos direcionados ao desmanche e à varredura energética das bases dos magos negros, que, muitas vezes, utilizam-se de aparatos tecnológicos ainda desconhecidos das mesas mediúnicas e escravizam os irmãos deformados**, potencializa-se a substância ectoplásmica, deslocando-a aos lugares onde está a origem dos instrumentos de magia negra, objetos vibratoriamente magnetizados e que captam a frequência vibratória do alvo visado – geralmente irmãos encarnados – como se desse a leitura das coordenadas para a realização do feitiço correspondente. Com esse recurso, desmagnetizam-se, neutralizam-se e desmancham-se essas aparelhagens, em verdadeiras tempestades astrais, que vão varrendo e higienizando esses laboratórios do mal, antros da anarquia.

DUPLO etéreo afastado do corpo físico

Esse médium é uma antena viva do mundo astral, pois o duplo etéreo mais afastado do corpo físico torna-o mais sensível às impressões transmitidas pelo corpo astral ou perispírito, provenientes dele próprio ou de agentes espirituais externos. Facilita-se a rememoração do que ocorre, quando em desdobramento provocado, nas incursões de socorro ou cura, no baixo umbral, nos subterrâneos trevosos do orbe, nas cavernas úmidas e fétidas, nos locais lamacentos, inimagináveis para vocês.

Nessas ocasiões, o cérebro físico guarda impressões, condicionado que está aos estímulos constantes, oriundos da janela vibratória que potencializa o duplo etéreo e do cabo de ligação que é o cordão de prata, retendo mais facilmente as impressões do cérebro perispiritual. Em muitos casos, não permitimos ao médium a vista ampla desse cenário dantesco, pois ele pode se desequilibrar diante do que chamam de "inferno".

** Nota de Ramatís: Os nossos irmãos com deformações nos corpos astrais, quer seja pela força mental de indução dos magos negros, quer seja por estarem há muito tempo fugindo do magnetismo reencarnatório do orbe, são classificados por alguns escritores e ativistas da mediunidade, espíritas e espiritualistas, inadvertidamente, como Exus, palavra que, em sânscrito (*Exud*), é tão antiga quanto a civilização terrícola. Historicamente, desviou-se de sua denominação original, quando passaram-se a designar como Exus os sacerdotes banidos das fraternidades iniciáticas, que utilizavam-se dos elementais da natureza para o mal, para a feitiçaria. Como esses elementais, agentes e veículos da magia, originariamente formas energéticas neutras, são acinzentados, quando vistos pelos clarividentes, criou-se essa interpretação errônea.

Essas incursões, em desdobramento espiritual provocado fora do corpo físico, fazem parte do resgate daqueles irmãos mais sofridos e deformados pela deterioração ocasionada por terem ficado longo tempo sem reencarnar. Alguns irmãos socorridos encontram-se tão desvitalizados, com sérias deformações perispirituais, que temos dificuldade de expressar os seus formatos em palavras inteligíveis para vocês. O magnetismo do orbe vai deteriorando seus perispíritos gradativamente.

Há irmãos com tais deformações que se mostram como seres teratológicos, escatológicos, abomináveis à primeira impressão, mas dignos de todo o nosso amor. Outros socorridos encontram-se tão desvitalizados e enrijecidos que são como rochas humanas, pessoas calcificadas, tristes estátuas a ornar um vale petrificado.

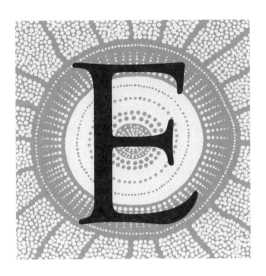

ECTOPLASMA produzido no duplo etéreo

Como semelhante cura semelhante, e como nós, em Espíritos, não possuímos ectoplasma, que é o fluido animalizado produzido no duplo etéreo e decorrente do metabolismo biológico do equipo físico, não podemos interceder nesses níveis mais densos e pesados, sendo, portanto, necessário um médium de cura desdobrado nessas cidades degradantes, abaixo da crosta terrestre. Não há nada de excepcional no fato de utilizarmos os fluidos dos encarnados para tais intentos. Precisamos de algo tão ou mais denso que os fluidos existentes nessas regiões, e somente os fluidos animalizados do metabolismo físico lhes são semelhantes ou os superam em densidade.

Há uma certa complexidade nessas movimentações. Primeiramente, temos que preservar a segurança da instrumentação mediúnica, pois trata-se de um trabalho assistido de caridade, eminentemente de interesse altruístico. Segundo, em alguns casos mais difíceis, é preciso desdobrar somente o duplo etéreo do medianeiro em decorrência da volumosa quantidade de fluidos animalizados utilizada. Nessas ocasiões, os cuidados são redobrados. É extremamente desenvolvida a sensibilidade desse corpo intermediador, e os assédios das organizações trevosas são contumazes. Elas tentam atacar o corpo físico inerte ou abalar a estrutura do cordão de prata, órgão elástico e hipersensível a qualquer estímulo brusco, que desliga o corpo astral dos corpos etérico e físico se for rompida, havendo o desencarne abrupto, como ocorre nos acidentes automobilísticos.

O duplo etéreo desdobrado, por Lei de Afinidade, só se desloca para locais, no Astral, de grande densidade, em comunidades que se encontram mais abaixo da crosta planetária. Não entraremos em maiores detalhamentos quanto a essas paisagens, pois não são a finalidade desta singela exposição.* O medianeiro fica em desdobramento provocado pelos jatos magnéticos que lançamos, contrários ao campo vibracional que imanta o positivo com o negativo na vida densa. É um transe cataléptico letárgico, que baixa a temperatura e o metabolismo do seu corpo, à noite, durante o sono físico. Isso ocorre porque ele fica sem o corpo etérico que o liga ao corpo astral, tornando-se um amontoado de carne sem comando, pois o verdadeiro propulsor de tudo é a mente, que se encontra desligada do órgão físico, que é o cérebro.

EDUCAÇÃO dos pensamentos, sentimentos e da mediunidade

A disciplina e a educação dos pensamentos, gerados pela mente inquieta, esse corcel alado, selvagem e anárquico, se impõem, urgem! A mediunidade é oportunidade inadiável, é um chamamento ao aperfeiçoamento anímico consciencial. Enquanto presos no corpo físico, vocês têm a chance celestial de ressarcimento e estabilização das forças contrárias reguladoras da balança cármica, intensificadas em decorrência das dificuldades inerentes à vida material. Observem o dever de atuação na caridade, direcionando essa potencialidade para o bem de todos ao

---

* A descrição dessas paragens e comunidades trevosas é bem apresentada nas obras *A vida além da sepultura*, de Ramatís e Atanagildo, e *O abismo*, de R. A. Ranieri.

seu redor, e eduquem os sentimentos, expurgando a nódoa do egoísmo a marcar seu perispírito, incompatível com o homem contemporâneo, com o carma coletivo e com a idade sideral do orbe terráqueo.

EFEITOS físicos e materializações

Tivemos a fase dos efeitos físicos e das materializações, tão relevante para convencer os incrédulos. Houve grandes médiuns mecânicos e sonambúlicos inconscientes, de grande importância para transmitir de forma límpida e inquestionável os ensinamentos que descem do Alto, complementando a codificação inicial. O Brasil, por seu sincretismo religioso, deu guarida ao crescimento vertiginoso do intercâmbio mediúnico e da doutrina espírita como um todo. Fez-se e faz-se ainda necessária uma ênfase religiosa, não tão filosófica e científica, nesse processo de junção das diversas fontes e vertentes espirituais. Se assim não fosse, não se angariaria tantos adeptos e não haveria esse movimento irreversível de fusão de todas as correntes espirituais, coerente com os diversos estágios evolutivos dos homens contemporâneos, assim como, principalmente, não se espalharia essa luz crística, que tanto tem esclarecido e consolado.

Agora, no Terceiro Milênio, entraremos no ciclo do espiritismo científico, principalmente com os novos experimentos da física e da adesão do meio médico. As técnicas médicas espíritas resultarão em hospitais holísticos em que a prática mediúnica se aliará à diagnose tradicional. Os demais países do mundo se renderão à realidade inquestionável que se descortinará, e todas as religiões, do Oriente e do Ocidente, convergirão para a verdade: o Espírito eterno com suas leis imutáveis.

ENERGIA cósmica e Orixás

Há uma magia universal que não contraria as Leis Naturais, atuando em todos os recantos, agindo nas partículas subatômicas ou etéricas, sendo a manifestação física como conhecem na matéria, a parte "visível" a vocês das Leis Reguladoras do Criador. Os Orixás, vibrações provindas das leis reguladoras da vida, estabelecem a compactação da energia cósmica e a mantêm coesa nas sete faixas vibratórias do Cosmo, para os Espíritos em evolução se manifestarem na forma.

Tudo no Universo é vibração e energia, nas mais diversas formas de manifestação do Espírito. Vibrações são ondas, tendo comprimento e frequência que as distinguem. Existem forças sutis que mantêm a harmonia cósmica em todos os planos vibratórios. Os Orixás são essas forças sutis que podem ser definidas, grosseiramente, pela falta de correspondência no vocabulário terreno, como Princípios Espirituais ou energias não encarnantes, que não se manifestam mediunicamente. São agentes e veículos da magia universal, existentes nas sete grandes faixas vibratórias do Cosmo. Ao contrário dos Elementais, que podem ser definidos como veículos da magia, são receptivos somente aos pensamentos para o bem, de maneira alguma estando associados ao mal, à feitiçaria e à magia negativa. Esses Princípios Espirituais e vibratórios do Cosmo, não encarnantes, são denominados na Umbanda de Orixás Maiores ou Ancestrais.

ENXERTOS ectoplásmicos curativos

Os enxertos ectoplásmicos, com novas células sadias, são verdadeiros trabalhos de magia curativa. Essas próteses ectoplásmicas têm que ser imantadas na mesma frequência do campo magnético do encarnado. Cria-se na aura do órgão substituído, enxertado parcial ou totalmente, uma força magnética de retenção. Como um molde colocado, a ordenar novo pedaço ou conjunto a ser constituído, normalizamos a disfunção vibratória perispirítica e favorecemos a força centrífuga do modelo organizador biológico, que prepondera em todo e qualquer corpo astral, especificamente no local da área desmaterializada, anteriormente doente. Evita-se a rejeição e favorece-se a reprodução de células sadias, construindo-se, definitivamente, um tecido recuperado saudável. Observamos os tipos histológicos e sanguíneos, o grau de temperatura e o padrão vibratório da peça a ser implantada. É tudo muito rápido para vocês, questão de segundos. A extrema plasticidade do ectoplasma semimaterializado no interior do organismo permite que desmaterializemos o tecido doente e, concomitantemente, moldemos o novo tecido orgânico sadio. Nesse tempo, o ectoplasma semimaterializado passa a materializado.

Esses procedimentos, ainda desconhecidos da ciência médica terrena, já dão sinal em alguns laboratórios de pesquisa científica. A criação de pedaços ou até de órgãos inteiros dentro do corpo de uma pessoa doente a partir do uso de próteses biodegradáveis, de uma cultura das mesmas células do órgão afetado pela moléstia, com respeito à Lei das Correspondências Vibracionais que há entre os semelhantes e evitando-se a rejeição, é uma realidade. Com o auxílio de computadores, os médicos terrenos conseguem projetar essas próteses naturais, que são absorvidas pelo corpo do paciente quando da formação de novas células saudáveis, e, devido à sua reprodução, acabam ocupando o espaço da própria prótese, que se biodegrada.

ESPIRITISMO e Umbanda – diferenças

É importante relembrar que a Umbanda é um movimento espiritualista visivelmente diferente do espiritismo, mas com muita sincronia em vários aspectos, tendo em vista que ambos são regidos pelas leis universais que regulam o intercâmbio entre os planos de vida. A Umbanda fundamenta-se na magia e nas forças da natureza manifestadas nos planos das formas (mental e astral), representadas pelos Orixás. Ela não concorre com os centros espíritas, que não permitem símbolos mágicos, cânticos, defumações, ervas, essências aromáticas, fogo, pólvora, velas. O espiritismo preconiza libertar os homens das formas transitórias e não aceita a magia em seus postulados doutrinários. Infelizmente, muitos homens ditos espíritas se consideram melhores, superiores e salvos em relação aos umbandistas, condenando equivocadamente a Umbanda em suas atividades de intercâmbio com o Espaço. Lamentavelmente, muitos dirigentes zelosos da pureza doutrinária, às escondidas, como criança que rouba doce da geladeira, encaminham consulentes, alvos de magia negra, aos terreiros, abafando esses casos dos estudos doutrinários, mesmo que ocorram diuturnamente em seus centros.

ESSÊNCIA primordial – Orixá

A palavra "orixá", em seus aspectos básicos de interpretação, quer dizer: luz do senhor, mensageiro, força da cabeça. "Ori" significa "cabeça", elemento primaz para o pensamento contínuo, o discernimento e o poder criativo da mente. "Xá" é força característica, essência divina. Trata-se de uma corruptela de *purusha*, provinda da mais antiga tradição do Oriente, que significa manifestação diferenciada das qualidades e dos fatores de Deus, residente em cada pessoa. Isso não tem a ver com uma entidade extracorpórea, mas, sim, com uma essência primordial e básica, energética e vibratória, que influencia o modo de ser e o destino de cada consciência, seja encarnada ou desencarnada, demarcando profundamente a mônada (centro vibrado do Espírito) do ente individualizado. Essa essência, portanto, está em todos os seres humanos.

EVOLUÇÃO da mediunidade

A mediunidade evolui? Sim, evolui com a consciência, com as conquistas da alma, no evo dos tempos. Chegará o dia em que será ensinada nas escolas terrícolas e será comum a troca de impressões sobre viagens astrais e desdobramentos conscientes, assim como ocorre em orbes mais adiantados na escala evolutiva. Nada milagroso ou ficcional! É aquisição anímica de direito. Não devemos nos esquecer de que a maior moralização da Nova Era, que se aproxima, trará um sentido de cosmoética, de respeito e de interesses altruísticos nessas incursões ao Além.

As leis são perenes e imutáveis. Quando os interesses são antagônicos, ajusta-se, imediatamente, o equilíbrio no Cosmo, sendo corretivo de acordo com a intenção e a ação de cada um. Atualmente, por causa da baixa moralidade ainda vigente, a mediunidade está um tanto fechada para os estudos sistematizados. Contudo, há homens-Espírito que já adquiriram uma condição anímico-consciencial mais condizente com a moral do Cristo e trabalham em resgates de irmãos sofredores, sendo por nós assistidos, tanto em atividades socorristas quanto em deslocamentos nos charcos trevosos do Astral.

EVOLUÇÃO espiritual e Umbanda

A Umbanda é dinâmica e se adéqua aos adeptos em seus anseios espirituais, desapegada de dogmas intocáveis e engessamentos doutrinários. Para angariar o máximo de fiéis no menor tempo possível durante seu primeiro centenário, período cíclico de sua afirmação, suas lideranças terrenas não se preocuparam em buscar uma unidade doutrinária mínima. Ela vicejou num meio caracterizado pela variedade de ritos, cultos e símbolos que tendem à "umbandização", acrescidos do sincretismo como "aval" para a inclusão urbana e social num hábitat cultural predominantemente católico. Obviamente haverá continuação desse movimento de forma mais digna, ficando a doutrina de Umbanda "depurada", sem traumas ou imposições das lideranças, fato essencial para sua estabilidade. Isso ensejará constante estudo, no sentido de conduzi-la, no plano físico, a um conquistado e merecido conceito de religião estruturada, a serviço da coletividade encarnada e desencarnada da pátria verde e amarela.

A Umbanda é produto da evolução espiritual, como tudo no Cosmo. Estando suas origens contidas nas filosofias orientais, com fragmentos mais ou menos acentuados, dependendo de sua origem étnica e geográfica, quanto mais pesquisarem os cultos que deram origem às religiões, do mundo antigo e primitivo ao civilizado e cosmopolita, mais facilmente poderão constatar a procedência e veracidade dos fundamentos umbandistas. Verifiquem a Sabedoria Divina da Umbanda, que é uma reunião das práticas e crenças dos índios, negros e brancos do Brasil, vibrando em harmonia com os compromissos assumidos no Espaço. Ela vai ao encontro deste momento consciencial da coletividade terrena, quando se formará uma nova raça, fraterna e universalista, num amálgama entre as culturas e filosofias do Oriente e do Ocidente.

EXU – o mensageiro

Exu é um aspecto do Divino que tudo sabe, para o qual não há segredos. A vibração de Exu, indiferenciada, atua em todas as latitudes do Cosmo, não fazendo distinção de ninguém, tendo um caráter transformador, promovendo mudanças justas necessárias para o equilíbrio na balança cármica de cada Espírito. Lembrem-se de que antes da calmaria a tempestade rega a terra, refresca e traz vitalidade, ao mesmo tempo em que constrói, desfaz ribanceiras e quebra árvores com raios do céu. Exu é o princípio do movimento, aquele que tudo transforma, que não respeita limites, pois atua no ilimitado, liberto da temporalidade humana e da transitoriedade da matéria, interferindo em todos os entrecruzamentos vibratórios existentes entre os diversos planos do Universo. Por isso, Exu é considerado o mensageiro dos planos ocultos, dos Orixás, sendo o que leva e traz, o que abre e fecha, nada se fazendo sem ele na magia.

Nas dimensões mais rarefeitas, Exu se confunde, unido aos Orixás, com o eterno movimento cósmico provindo do Incriado, sendo característica d'Ele, denominação dessa qualidade transformadora impossível de ser transmitida no vocabulário terreno.

A personalização do princípio denominado "exu" guarda certa analogia com a que resultou no deus hindu Shiva – que constitui com Brahma e Vishnu a trindade indiana. Shiva – o princípio do movimento – cria e destrói os mundos ao ritmo de sua dança cósmica (a "dança de Shiva"), enquanto Vishnu simboliza o princípio conservador, que mantém as formas. Dar-lhe identidade e forma concreta de um deus, que poderia ser representado, foi a única maneira de simbolizar um princípio abstrato cósmico, inalcançável para a mentalidade popular. Com Brahma, o criador, e Vishnu, o princípio estabilizante do Cosmo, forma a "trindade" do hinduísmo, que, na verdade, não se constitui de "deuses", e sim de "princípios" cósmicos, aspectos do Criador.

Grosseiramente, Exu movimenta a energia, não é a energia propriamente: o movimento rotatório do orbe cria as ondas, mas não é a água dos mares.

EXU do lodo

Um exemplo de Exu entidade, que tem para os zelosos das doutrinas puras um nome polêmico, é o Exu do lodo. Energicamente, os Espíritos comprometidos com o tipo de trabalho que chancela esse nome atuam entre dois elementos planetários: terra e água. Se vocês misturarem um pouco de terra com água, terão a lama, o lodo. Essas entidades agem segundo o princípio universal de que semelhante "cura" semelhante: transmutam miasmas, vibriões etéricos, larvas astrais, formas-pensamento pegajosas, pútridas, viscosas e lamacentas, entre outras egrégoras "pesadas" de bruxarias e feitiçarias do baixo Astral que se formam nos campos psíquicos (auras) de cada consulente, em suas residências e seus locais de trabalho. Desintegram verdadeiros lodaçais energéticos, remetendo-os a locais da natureza do orbe que entrecruzam vibratoriamente a terra e a água: beira de rios e lagos, encostas de açudes, entre outros locais que têm lama e lodo. Nesses casos, entrecruzam-se nas demandas sob o comando de Caboclos da falange de Ogum Iara. Podem também atuar perto de mares sob o comando de Caboclos da falange de Ogum Beira-Mar ou Ogum Sete Ondas.

Por atuarem entre a terra e a água, alguns terreiros costumam jogar um copo de água na terra (solo) para fixar a vibração magnética dessa entidade no momento de sua manifestação mediúnica (elemento que serve de apoio para a imantação vibratória das energias peculiares à magia trabalhada).

Lembremo-nos de Jesus, que com um punhado de terra na mão, cuspiu nela, fez um emplastro e colocou nos olhos de um cego, que imediatamente foi curado. Nesse caso, a lama que o Mestre fez em suas palmas serviu de catalizador de sua Aura Divina para a vibração curativa do Cristo chegar até o órgão físico danificado, os olhos do cego.

EXU e o rebaixamento vibratório dos Orixás

Assim como Exu "coordena" o movimento ocasionado pelo rebaixamento energético dos Orixás e a "passagem" deles entre os entrecruzamentos vibratórios nas diversas dimensões espirituais, também desloca essas energias para o interior dos organismos físicos, o último e mais denso veículo para a manifestação da vida universal. Exemplifiquemos com a energia que se denomina Ogum: é a energia da luta, da realização, o impulso que leva à ação, em todos os níveis, no Universo e no ser humano. É a energia inicial, simbolizada no primeiro signo, Áries.

No processo metabólico de vocês, há uma correspondência disso com o elemento químico ferro, entre tantos outros que servem de pontos de imantação para Exu e sua magia de transformação. Esse metal é afim com o Orixá Ogum. Proporcionalmente à taxa de ferro, quanto menor sua incidência, mais frágil o organismo e menor sua força, sua energia de luta; quanto maior sua participação, mais vitalidade, pelo aumento da fixação do prana, o fluido cósmico universal ou energia vital do Universo, absorvido inicialmente pela respiração nas células de todo o corpo físico. A ausência de ferro produz anemia, que se manifesta como falta de energia de ação, inércia, apatia. Quando a taxa de ferro se mantém baixa por longos períodos, a organização fisiológica fica suscetível à leucemia, ao câncer e às doenças oportunistas.

Podem concluir assim que o macrocosmo é semelhante ao microcosmo; o sopro Divino atua da mesma forma em cima e embaixo.

EXU faz "par" com os Orixás

São muitos os Espíritos que trabalham nas vibrações de Exu, nas várias dimensões cósmicas. No Universo, tudo é energia, e na Umbanda não é diferente: tudo se transforma para o equilíbrio, gerando harmonia. Por isso, precisam entender as correspondências vibracionais dos quatro elementos planetários: ar, terra, fogo e água, relacionando-os com cada um dos Orixás, regentes maiores das energias cósmicas, aprofundando a compreensão da magia específica de cada Exu. Eles atuam, segundo determinadas peculiaridades, nos sítios vibracionais da natureza, fazendo par com os Orixás, pois o eletromagnetismo do orbe é dual: positivo e negativo. O Uno, ou Eterno, Incriado, Zambi, Olurum (um mesmo nome que representa a Unidade Cósmica), é "energia" e precisa se rebaixar para chegar aos planos vibratórios mais densos, onde vocês se encontram agora. O Uno é dividido, tornando-se dual, tendo duas polaridades, onde existe a forma, o Universo manifestado na matéria, interpenetrado com o fluido cósmico universal.

EXU não é o diabo

Mesmo "exu" tendo sido transformado em diabo, é um diabo dos católicos, com a seguinte falsa imagem: ganhou chifres, rabo, pés de bode, labaredas infernais, capa, tridentes e outros adereços dos demônios antigos e medievais, arquitetados pelo catolicismo inquisitorial para combater as seitas pagãs. Essa aparência assustadora foi inspirada por videntes influenciados pelas entidades "infernais" do Astral Inferior, que se locupletam nos gozos terrenos imantados a seus dóceis aparelhos fascinados que enxameiam na crosta, ocasionando a invasão dos congás por imagens diabólicas, facilmente encontradas em qualquer esquina citadina, em suas floras comerciais e lojas de quinquilharias mágicas. O Astral Inferior, *alter ego* da maioria dos homens, exultante, conseguiu dar um perfil psicológico de gozador, beberrão, violento e destemido e atribuiu palavras chulas e de baixo calão aos prestimosos Exus, introduzindo o falso, o engambelo no trabalho verdadeiro dessas entidades luminares da Divina Luz, da Umbanda.

Tristemente, associaram-no a locais dissolutos; seus sítios vibracionais tornaram-se as encruzilhadas das ruas, e seu hábitat no Astral transfigurou-se em becos de prostituição, entre vapores etílicos, baforadas de cigarrilhas fétidas, garrafas de cachaça quebradas e mulheres seminuas que vendem o corpo pelo vil metal. Na verdade, esses cenários são os que nutrem os canecos e as piteiras vivas do Além-túmulo, que dominam muitos terreiros ditos de "umbanda" na Terra, mas que aos olhos do Espaço servem de ponte para o parasitismo alimentado pelo que há de mais inferior que se agasalha nos egos inflados das frágeis criaturas humanas: a satisfação dos desejos, doa a quem doer.

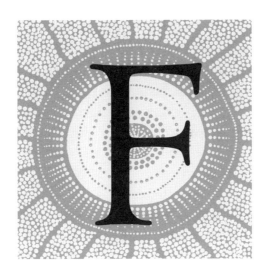

FALANGES de
Ogum e Xangô

Soam as trombetas de Ogum no chamamento dos obreiros para a linha de frente da higienização da psicosfera terrícola amparada no mediunismo, para instrumentalizar a Grande Fraternidade Universal como canal de socorro no Astral Inferior e nas zonas abissais da Terra. Neste início de Terceiro Milênio, da Nova Era, em que a Umbanda está entrando na fase de Oxóssi, Orixá de cura, eis que vocês sofrem uma intensificação das vibrações de Ogum, Orixá regente da primeira fase da Umbanda no milênio que findou e que representa ainda a maioria das manifestações mediúnicas nesta egrégora.

Nas dimensões suprafísicas, se intensificaram sobremaneira os resgates nas comunidades do umbral inferior durante essa aproximação planetária, e as entidades querem autoridade de comando, muitas sendo Espíritos "ascensionados" – conforme os conceitos de vocês –, atuando diretamente na linha do Orixá Ogum na Umbanda. Como Caboclos de diversos nomes, neste momento importante de higienização da psicosfera terrícola, estão diretamente engajados nesse movimento, vestidos com as "velhas" aparências de peles-vermelhas atlantes, há muito "esquecidas" no passado remoto.

Com a injunção magnética e astrológica da Justiça – Xangô/Júpiter – e previamente autorizada pelos tribunais divinos, faz-se necessária a intensificação das retenções e remoções de coletividades sofredoras sob o domínio cruel de magos negros, que há tempos ultrapassaram os seus direitos cósmicos e de livre-arbítrio, em total desrespeito às comunidades que dominam odiosamente.

É o momento de vocês colocarem "as mãos na massa", de arregaçarem as mangas de obreiros e irem para a linha de frente da batalha da caridade, instalada pelo mediunismo que dá alento, socorro e alívio aos sofredores, se aproximando dos doentes do corpo e do Espírito e se distanciando um pouco da retórica costumeira e do excesso de estudo. Este é importante, mas quando em equilíbrio com a conduta prática, senão correm o risco de ficarem qual o projetista que não sabe dirigir o possante automotor que ele próprio idealizou.

Quem puder, que procure trabalhar diretamente com todos e quaisquer consulentes: passes, magnetismo, desobsessão, mesa, terreiro, apometria, xamanismo, curadores, benzedeiras etc. Diversos recursos e ferramentas estão sendo utilizados pela Espiritualidade, de acordo com o grau evolutivo de cada ser, neste início de Terceiro Milênio, que trará uma intensa mudança da consciência coletiva.

FASCINAÇÃO pelas adivinhações

O Espírito do homem é a síntese das faculdades criadoras do próprio Deus, em miniatura. Naturalmente que o fato de o homem ter sido feito à imagem e semelhança do Criador não lhe dá a potencialidade cósmica da Mente Universal, tal como não pode sentar à sombra da semente do carvalho. Falta ao homem a germinação das suas capacidades criativas, que estão temporariamente adormecidas. Embora a luz que o anime seja a mesma dos astros celestes, encontra-se como lampião cheio de fuligem acumulada: o produto de centenas de milhões de vidas entre derrotas e vitórias, equívocos, amores, ódios, tragédias, alegrias e tristezas. Até que consiga refulgir em toda a sua claridade espiritual, o atavismo dos instintos primários e animais nublará sua consciência.

O homem costuma traçar planos minimizando as contingências que possam surgir, e o futuro é a pedra do caminho a ser removida. Pelo medo do porvir, tenta penetrar no desconhecido de diversas maneiras. Quando a sua racionalidade precária não consegue as respostas aos acontecimentos futuros, sobressai a busca desenfreada pelos métodos sobrenaturais, mediante sinais e técnicas ocultas, na maioria das vezes com assistência de Espíritos do "lado de cá".

Antigamente, as artes divinatórias estavam associadas a ações vitais em prol da coletividade: casos de mortes e doenças, situações sociais e econômicas, perdas e calamidades. Hoje, os dons oraculares estão banalizados pela sanha mercantilista dos seus porta-vozes: a cartomante, na praça pública, tenta garantir o ganho do dia; o jogo de búzios é realizado a distância pela rede mundial de computadores, bastando ter um cartão de crédito; o destino é distorcido, desde que se faça um trabalho forte para agradar o "santo"; uma mãe desesperada pela separação prematura promete alta soma se o vidente fizer o marido mudar de ideia.

Diante da urgência de resultados rápidos, o sábio e prudente oráculo das tribos de antigamente é figura ultrapassada como mediador entre o sagrado e os seres humanos. Os verdadeiros valores espirituais na relação com Deus resumem-se a trocas esporádicas, rápidas e pagas aos Espíritos "divinizados", e os próprios religiosos são os responsáveis por incentivar uma clientela sedenta de favores sem o mínimo de esforço. As criaturas se esquecem que não é duradoura a ventura que depende da existência de métodos e objetos externos. Alegria e júbilo, felicidade e saúde, equilíbrio e paz de espírito são firmados e derivados de um estado de consciência totalmente liberto do determinismo de tempo e espaço.

FISIOLOGIA da
aura humana

Pode-se designar a aura humana como um tipo de "halo energético" que circunda o organismo fisiológico. É reflexo do teor vibratório decorrente do estado mental-afetivo da pessoa em sua permanente e dinâmica ação, consciente ou inconsciente. A mola propulsora que determina a manutenção elevada das vibrações circundantes desse halo é mantida, ou não, pelo trinômio "pensamento, vontade e ação", que traduz diretamente a evolução moral e espiritual do ente.

Um dos maiores motivos de "abertura" para os assédios que visam atingir a malha etérica é a auto-obsessão, em que o próprio ser se obsedia em permanente fixação mental negativa, em processo de monoideia que cria formas-pensamento que ele mesmo irradia e que estabelecem a frincha vibratória para os ataques magísticos das sombras. Esse estado, dependendo da amplitude e da força mental, tanto do sujeito-alvo do assédio como do emissor da carga deletéria que se fixa em sua aura, pode abrir "arquivos" de outras existências, integrantes do acervo inconsciente de realização do Espírito. Estabelecido esse curto-circuito, instala-se um processo mórbido que rapidamente atinge a malha etérica e o órgão físico visado, potencializado por força magnética que dinamiza os clichês mentais que o indivíduo plasma em seu desequilíbrio psíquico energético.

Ampliando o quadro nefasto da malha etérica rompida, recapitulações de emoções e sensações fazem o ser se desdobrar facilmente, procurando egoisticamente, no Astral Inferior, a realização do que não consegue satisfazer nas entranhas sensórias, em estado de vigília. Em outros casos, o auto-obsediado se compraz em manter tal situação porque insiste na busca de satisfação pessoal pela recapitulação de emoções vividas, compatíveis com o seu modo de ser e agir, não se importando em mudar de atitude.

A maior proteção quanto aos ataques e assédios nefastos é o indivíduo combater o comodismo, o medo, a rigidez e a fuga de si mesmo. A prevenção está na conduta evangélica, e a libertação do transtorno assediante que se instalou passa por uma reformulação por meio da boa conduta, da prática do amor, do perdão e da caridade ao próximo.

Nos casos em que a malha etérica está rompida por processos magísticos oportunistas, que se instalam num momento de invigilância e fragilidade psíquica, tão comum nos atribulados dias hodiernos, em que o merecimento do cidadão fica distorcido e seu livre-arbítrio desrespeitado, os Pretos Velhos e Exus da Umbanda refazem-na facilmente, como prestimosos costureiros do Além. Não conseguimos descrever como ocorre essa operação cirúrgica holográfica, pois falta vocabulário do sensitivo que nos serve. Existem casos em que o sujeito, hoje médium, passa uma encarnação resgatando e costurando em si mesmo o que destruiu no passado, no campo do magismo negativo. É necessária uma vida de caridade para fechar a malha etérica associada à mediunidade com Jesus, sagrada oportunidade concedida a muitos medianeiros que militam na seara umbandística.

FISIOLOGIA oculta da tela etérica ou búdica

A tela situa-se entre os chacras do corpo astral e do duplo etéreo. É uma rede eletromagnética de alta condensação que envolve todo o corpo astral e tem seu fulcro de ressonância vibratória nas camadas etéricas mais próximas do corpo físico. Dessa forma, serve como uma barreira vibratória contra os seres predadores habitantes do umbral inferior.

O maior objetivo dos ritos de magia negativa que utilizam as emanações etéricas do sangue é romper essa proteção natural. Aglutinando grandes quantidades de energias vitais altamente deletérias, mais a força mental dos Espíritos malfeitores, direcionam para o alvo visado, geralmente um órgão físico que em vida passada foi enfermiço, e ficam durante meses ou anos vibrando. É assim que aparecem as doenças incuráveis, que, de uma hora para outra, derrubam a vítima. Sendo bem-sucedidos em seus intentos, rompida a tela etérica, o ser se vê facilmente desdobrado e escravizado em zonas de baixíssima vibração. Potencializam o processo nefasto que desvitaliza a vítima indefesa, imantando-a com Espíritos recém-desencarnados, artificiais, ovoides, aparelhos parasitas e outras engenhosidades que mentes maquiavélicas conseguem idealizar para alargar os "rombos" da tela etérica.

FORMAS-PENSAMENTO – clarividência

Esses quadros ideoplásticos criados pelas mentes dos Espíritos desencarnados não influenciam só o médium clarividente, desde que haja o relato dos cenários visualizados aos demais componentes do grupo. Os painéis descritos pelo sensitivo se tornam um símbolo para o apoio mental de todo o grupo, e o dirigente encarnado os amplia pelas contagens pausadas de pulsos magnéticos. O sensitivo enxerga para vibrar e doar energia: enxerga um tornado que vai desintegrando as construções de uma cidadela abandonada quando se quer o seu ato de vontade para os desmanchos; um local sujo e viscoso quando se requer a limpeza astral; esfarrapados desnutridos para serem alimentados; soterrados em destroços para serem removidos; o laboratório do mago negro que precisa ser implodido com todas as suas aparelhagens; a base da organização malévola com todas as suas armas que igualmente será desintegrada; uma esfera de luz amarela girando em intenso sentido anti-horário que deve ser seguida para o retorno ao corpo físico; entre outras formas-pensamento plasmadas para despertar o ato volitivo dos médiuns.

FORMAS-PENSAMENTO – os artificiais

Nas atividades de caridade, se faz necessário criar cenários que são condizentes com as consciências que estão sendo socorridas: um pároco se verá em frente ao altar da sua igreja; o "caboclo" do interior nordestino se apraz numa mesa com farinha de mandioca e feijão; o esoterista ficará à vontade junto a um mago astrólogo; o umbandista aceita a benção da Preta Velha em ambiente de cânticos e pontos riscados; o espírita anseia o médico mentor nimbado de luz e a preleção de cunho evangélico doutrinário. As formas de pensamento são manipuladas de acordo com a necessidade de cada um, como se fosse uma peça teatral em que o cenário é trocado muitas vezes. Em Espíritos mais densificados, feridos, deformados, com sede e fome, o ectoplasma dos médiuns serve para recompor membros, plasmar instrumentos cirúrgicos, água e alimento tão "sólidos" que são reais para esses socorridos como se encarnados estivessem.

As formas de pensamento tendem a se desfazer nos sítios vibratórios da natureza que lhes são afins. As tempestades terrestres nada mais são que higienizações coletivas da aura planetária levadas a efeito pelos Espíritos que têm essa tarefa. O artificial é uma forma-pensamento "sequestrada" e manipulada para o mal, anomalia oriunda da mais nefasta magia negra. Não tem consciência nem livre-arbítrio, embora gere ação e apresente "vontade", pela poderosa indução mental do mago negro.

As formas de pensamento e os quadros ideoplásticos, que são costumeiramente utilizados nas atividades socorristas, têm existência restrita durante a atividade dos mentores espirituais. São imediatamente desfeitas após os labores de caridade que levamos a efeito. Fugiria à finalidade dessas manipulações energéticas se ficassem vagueando a esmo, já basta a poluição do orbe existente no plano físico. Há que se considerar que, nas estações socorristas transitórias nas zonas subcrostais, existem técnicos do "lado de cá" especializados na criação de formas-pensamento, mas circunscritas aos campos vibratórios dessas localidades, como as aparelhagens que são utilizadas estritamente nas salas de cirurgia dos hospitais terrenos.

FREQUÊNCIA do corpo etérico

Nos grupos de apometria, por meio de pulsos magnéticos, o corpo etérico dos encarnados se "afasta" cerca de alguns centímetros do corpo físico. Com esse desacoplamento, é como se o corpo etérico ficasse inclinado para um dos lados do medianeiro, mas sem estar completamente desdobrado. Dessa forma, os trabalhos dos mentores nesse mediador denso são realizados na área espacial justaposta, ou, quando muito, circunscritos a pequena distância. Na verdade, o fato de o duplo não ser remetido para "cima" não deve desapontar vocês, pois é perfeitamente possível agirmos "encapsulando" esse veículo inferior em espécie de câmara vibratória avançada do hospital do astral, a qual pode ser chamada, para seu entendimento, de ala de atendimento a distância. Ademais, as vibrações mais rápidas, rarefeitas e de alta frequência transpassam naturalmente as mais lentas, densas e de baixa frequência, sendo o espaço-tempo no "lado de cá" diverso do de sua compreensão terrena.

A densidade que é peculiar ao duplo etéreo e a afinidade com as energias telúricas do planeta imantam a superfície planetária. Por similaridade vibratória, é possível realizar atividades socorristas na contraparte etérica da subcrosta terrestre com o duplo etéreo do médium desdobrado durante o sono físico, por competente mentor, guia ou protetor espiritual. Ele se utilizará desse veículo inferior para a doação da quota de energia animal requerida para as inserções nas zonas abissais, espécie de combustível ectoplásmico específico para as múltiplas finalidades que esses tipos de atividades requerem. Elas são habilmente levadas a efeito pelos Pretos Velhos, desmanchando bases e laboratórios, recompondo membros e libertando Espíritos hipnotizados por meio dos choques fluídicos animalizados. Nesses casos, raramente há lembrança do médium, pelo desencaixe entre os corpos astral e físico, ficando o órgão cerebral e o corpo físico inertes, conectados ao princípio espiritual somente pela ligação fluídica do cordão de prata.

GIRA de caridade – mediunizar, "receber" os guias espirituais

Para aqueles consulentes que têm comprometimento com o mediunismo e estão educando suas mediunidades, "receber" seus guias ou protetores espirituais os aliviará das cargas deletérias, dos miasmas e das formas-pensamento que estão "grudadas" nas suas auras. Estas são uma espécie de campo energético que todos os encarnados têm, sendo o corpo físico a parte visível, a energia mais condensada desse complexo energético. Os enviados espirituais que "incorporam" nos médiuns imprimem no seu corpo astral as suas vibrações mais elevadas e que são afins a esses irmãos muito antes da atual encarnação. Dessa forma, devido à alteração de frequência imposta, as placas e os agregados destrutivos são liberados e retornam para a natureza, os chacras desarmonizados são regularizados, e as vibrações dos corpos astral e etérico são alinhadas. Naqueles médiuns ainda deseducados, esse contato lhes serve para mostrar a importância e a necessidade de procurarem se desenvolver. Claro está que essa intervenção do Além se dá para o auxílio do aparelho mediúnico, tornando-se dispensável nos mais experientes, que já aprenderam a se livrar dessas cargas negativas sozinhos.

GIRA de caridade – o lado oculto

Toda casa de Umbanda que é séria e faz a caridade gratuita e desinteressada é um grande hospital das almas, tendo o apoio de falanges espirituais do Astral Superior. Essas giras de caridade são prontos-socorros espirituais, onde não se escolhe o tipo de atendimento, estabelecendo enormes demandas no Além. Os consulentes que procuram os Pretos Velhos e Caboclos para a palavra amiga e o passe avançam trazendo os mais diversos tipos de problemas: doenças, dores, sofrimentos, obsessões, desesperos etc. Processa-se a caridade sem alarde, pura, assim como o Cristo-Jesus procedia, atendendo a todos que o procuravam. É indispensável um ambiente harmonioso e de energias positivas no grupo de médiuns que formarão a corrente vibratória. Para se conseguir as vibrações elevadas, se cantam pontos, que são verdadeiros mantras, faz-se a defumação com ervas de limpeza físico-etérea e espargem-se essências aromáticas que auxiliam a elevar as vibrações.

No Plano Astral, estabelece-se um campo vibratório de proteção espiritual. Os quarteirões em volta do local da gira, ou do templo, ficam sob os cuidados de Caboclos e guardiões, que se colocam com seus arcos e flechas com dardos paralisantes e soníferos. Bandos de desocupados e malfeitores tentam passar por esse cordão de isolamento, mas são repelidos por uma espécie de choque, por meio de uma imperceptível malha magnética. Outras entidades que acompanham os consulentes não são barradas e, ao adentrarem a casa, são colocadas em local apropriado de espera. Várias entidades auxiliares lhes prestam socorro e preparação inicial, razão pela qual os consulentes sentem muita paz quando entram numa casa e aguardam o momento da consulta.

No ato da consulta, o guia ou protetor está trabalhando junto ao médium e dirige os trabalhos, tendo vários auxiliares invisíveis que ainda não "incorporam". Havendo necessidade, é dada passagem para as entidades obsessoras ou sofredoras que estão acompanhando os consulentes. Os guias manipulam com grande destreza o ectoplasma do médium, que é "macerado" com princípios ativos eterizados de ervas e plantas, fitoterápicos astralizados usados para a cura. Os Espíritos da natureza trabalham ativamente, buscando esses medicamentos naturais nos sítios vibratórios que lhes são afins, bem como recolhem, para a manipulação perfeita do Caboclo ou Preto Velho, as energias ou elementais do fogo, ar, da terra e água, que sempre estão em semelhança vibratória com os consulentes, refazendo as carências energéticas localizadas. É a magia dos quatro elementos utilizada para amenizar os sofrimentos dos homens.

Nos casos em que se requer atendimento a distância, nas casas dos consulentes, ficam programados trabalhos para a mesma noite ou posteriores, dependendo da urgência. Há intensa movimentação, e praticamente nunca descansamos. Numa casa grande, bem estruturada, chegamos a atender 500 a 600 consulentes, sendo que a população de Espíritos desencarnados socorridos numa gira com essa demanda pode chegar a 4 mil. Os chefes de falanges "anotam" todos os serviços que serão realizados durante e após a gira, pois as remoções e os socorros continuam ininterruptamente, sendo o dia de caridade pública aos encarnados o cume da grande montanha que se chama caridade.

GIRA de caridade – padronização do ritual

Não é nenhum tipo de padronização ritual que garantirá a curadora assistência espiritual aos consulentes. Gestos diferentes, um tipo de benzedura aqui, um passe localizado ali, uma maceração de erva lá, um assobio ou sopro acolá, todos são recursos de cura utilizados. Ao contrário das impressões deixadas nos apressados olhos humanos, a disciplina é enorme e rígida, existindo forte amparo astral, hierarquizado nas casas sérias e moralizadas, embora cada entidade tenha a sua liberdade de manifestação na prática que lhe é mais peculiar. Nessa aparente algazarra e burburinho, vão os homens se modificando para melhor, e todos continuam evoluindo juntos, tanto na carne como no Plano Astral.

GIRAS de caridade – exercício da mediunidade

A segurança no exercício da mediunidade, por um médium na Umbanda, é marcante porque, habituando-se a dar passagem aos seus guias e protetores, aprende a conhecer profundamente suas vibrações e, com o trabalho continuado, conseguirá a necessária segurança para que não se deixe envolver por irmão de outras vibrações, ditos obsessores e vampiros do Astral Inferior. Ao mesmo tempo, gradativamente, equilibra as vibrações dos seus chacras, facilitando e intensificando o intercâmbio.

GUIAS espirituais no plano mental

A mente elabora as concepções superiores. As ideações antecedem as ações e as emoções. Faz parte do ser o contínuo fluxo pensante mais profundo. O corpo mental é uma espécie de ovoide, se estendendo em torno de noventa centímetros em volta dos complexos físico, etérico e astral dos encarnados, quando estes são moralizados e de conduta evangélica. Em homens de baixa moral e apegados ao sensório, no mais das vezes, quase não conseguimos perceber os seus corpos mentais, que estão diminuídos e com cores escuras, marrons e pardacentas. Os indivíduos cujas emoções e paixões estão subjugadas pela razão crística são possuidores desse corpo mais brilhante e translúcido que os demais, ativo e luminoso, em tons amarelados. Os corpos mental, astral e etérico estão intimamente relacionados, pois os pensamentos afetam as emoções e os sentimentos, que, por sua vez, tornam-se somáticos no bem-estar ou no desequilíbrio.

Os Espíritos desencarnados têm normalmente o corpo mental constituído. Em muitos casos, o corpo astral se faz invólucro, pesado e denso, sendo comum em certas paragens cósmicas o hábitat sem esse mediador sutil do Espírito. Ou seja, existem colônias espirituais em determinadas dimensões vibratórias em que as coletividades espirituais que ali estagiam o fazem com os corpos mentais, sem quaisquer configurações perispiríticas costumeiras no Plano Astral.

Em alguns trabalhos socorristas nos terreiros, que requerem incursões às cidadelas da subcrosta terrestre, varreduras energéticas e remoções de comunidades sofredoras do umbral inferior, são utilizados os corpos etérico e astral do médium, visto que seria trabalhoso aos mentores que coordenam os trabalhos das falanges socorristas rebaixarem suas vibrações para se apropriarem novamente de um corpo astral, pela enorme demanda de fluido animal para recomposições dos corpos astrais de entidades deformadas e escravizadas, dissociados dos demais corpos.

A intervenção se dá "soltando" esses mediadores por meio de magnetismo próprio, que inverte as polaridades que os mantêm retidos vibratoriamente aos demais corpos. Os mentores atuam com seus corpos mentais acoplados nos chacras do corpo astral da aparelhagem mediúnica que está desdobrado dos demais corpos, formando um "novo" complexo etérico, astral e mental. Normalmente, utilizam-se esses recursos de dissociação dos corpos, o que "facilita" a desenvoltura nesses sítios vibracionais deletérios e muito similares à matéria carnal. Na verdade, isso é costumeiro em quase todas as atividades socorristas, pois utiliza-se "emprestado" do médium o corpo sutil necessário ao labor curativo que está sendo levado a efeito.

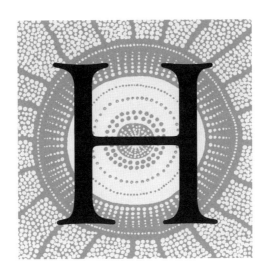

HISTÓRIA da Umbanda

Nascimento da Umbanda – o advento do Caboclo das Sete Encruzilhadas[*]

Foi em 15 de novembro de 1908 a data da anunciação da Umbanda pelo Caboclo das Sete Encruzilhadas. Esse fato legitima o verdadeiro nascimento da Umbanda, pelo ineditismo do estabelecimento das normas de seu culto, proclamado só então por essa entidade missionária.

Esse evento marca o surgimento estruturado da Umbanda para os homens, visto que a Senhora da Luz Velada é muito mais antiga nos planos rarefeitos que o próprio planeta Terra. Embora a participação

---

[*] Nota do médium: o texto que se segue foi baseado em informações verídicas obtidas diretamente de fitas gravadas pela senhora Lilian Ribeiro, presidente da Tenda de Umbanda Luz, Esperança, Fraternidade (TULEF), que contêm os fatos históricos narrados, possíveis de serem escutados na voz de Zélio de Moraes, manifestado mediunicamente com o Caboclo das Sete Encruzilhadas. Em 2 de novembro de 2005, visitei Mãe Zilméa em sua residência, em Niterói, Rio de Janeiro, oportunidade em que também conheci dona Lygia Moraes, respectivamente filha e neta de Zélio. Dei conhecimento a ambas do presente texto, do qual obtive a confirmação sobre sua autenticidade e permissão para divulgá-lo.

do médium Zélio de Moraes e o advento do Caboclo das Sete Encruzilhadas não sejam os únicos fatos relacionados à organização terrena da Umbanda, não se pode negar que é o marco referencial mais importante do movimento.

Inegavelmente, a Umbanda é uma religião brasileira, e nela encontra-se o amálgama do misticismo do índio, da magia do negro africano e das crenças brancas judaico-cristãs, católicas e espíritas.

Zélio Fernandino de Moraes nasceu em 10 de abril de 1891, no distrito de Neves, município de São Gonçalo, Rio de Janeiro. Aos 17 anos, quando se preparava para servir às Forças Armadas, ocorreu um fato curioso: ele começou a falar com um sotaque diferente, em tom manso, parecendo um senhor de idade avançada. A princípio, a família achou que estivesse apresentando algum distúrbio mental, por isso o encaminhou aos cuidados do tio, Epaminondas de Moraes, psiquiatra e diretor do Hospício de Vargem Grande. Como não foram encontrados em nenhuma literatura médica os sintomas apresentados pelo rapaz, o médico sugeriu que o encaminhassem a um padre, para que fosse realizado um ritual de exorcismo, pois desconfiava que o sobrinho estivesse possuído pelo demônio. A família procurou um padre, que, mesmo tendo realizado o ritual de exorcismo, não conseguiu nenhum resultado.

Novamente, em fins de 1908, os familiares foram surpreendidos por uma ocorrência que tomou aspectos sobrenaturais. O jovem Zélio, então acometido por estranha paralisia, a qual os médicos não conseguiam debelar, ergueu-se certo dia do leito e declarou: "Amanhã estarei curado". No dia seguinte, começou a andar como se nada tivesse acontecido. Nenhum médico soube explicar como ocorreu a recuperação. Em razão do acontecimento, Dona Leonor de Moraes resolveu levar o filho a uma curandeira chamada Cândida, figura conhecida em Niterói, e que incorporava o Espírito de um Preto Velho chamado Tio Antônio. A entidade atendeu o rapaz e disse que ele já tinha desenvolvido o fenômeno da mediunidade e que, portanto, deveria trabalhar na caridade.

O pai de Zélio, Joaquim Fernandino Costa, apesar de não frequentar nenhum centro espírita, era adepto do espiritismo e tinha o hábito de ler livros espíritas. Em 15 de novembro de 1908, por sugestão de um amigo, levou Zélio à Federação Espírita de Niterói. Convidados por José de Souza, dirigente da instituição, para participar da sessão, ambos se sentaram à mesa e, em seguida, contrariando as normas do trabalho, Zélio levantou-se e disse: "Aqui está faltando uma flor". Dirigiu-se ao jardim, apanhou uma rosa branca e colocou-a no centro da mesa. Iniciou-se então uma estranha confusão no local: ele incorporou uma entidade e, simultaneamente, diversos médiuns incorporaram Caboclos e Pretos Velhos. Advertida pelo dirigente do trabalho, a entidade incorporada no rapaz perguntou: "Por que repelem a presença desses Espíritos se nem sequer se dignaram a ouvir suas mensagens? Será por suas origens sociais ou em decorrência de sua cor?"

Novamente uma força estranha dominou o jovem Zélio, e ele continuou a falar, sem saber o que dizia, ouvia apenas sua própria voz perguntar o motivo que levava os dirigentes dos trabalhos a não aceitarem a comunicação daqueles Espíritos e se os consideravam atrasados apenas por suas encarnações anteriores. Seguiu-se um diálogo acalorado, e, embora o Espírito desconhecido desenvolvesse uma argumentação segura, os responsáveis pela sessão procuravam doutriná-lo e afastá-lo. "Por que o irmão fala nesses termos, pretendendo que a direção aceite a manifestação de Espíritos que, pelo grau de cultura que tiveram quando encarnados, são claramente atrasados? Por que fala desse modo, se estou vendo que me dirijo neste momento a um jesuíta[**], cuja veste branca reflete uma aura de luz? Qual é o seu nome, irmão?"

O Espírito desconhecido respondeu: "Se julgam atrasados os Espíritos de pretos e índios, devo dizer que amanhã (16 de novembro) estarei na casa de meu aparelho para dar início a um culto em que esses irmãos poderão transmitir suas mensagens e, desse modo, cumprir a missão que o plano espiritual lhes confiou. Será uma religião que falará aos humildes, simbolizando a igualdade que deve existir entre todos os irmãos, encarnados e desencarnados. E se querem saber meu nome, que seja este: Caboclo das Sete Encruzilhadas, porque para mim não haverá caminhos fechados".

O vidente retrucou com ironia: "Julga o irmão que alguém irá assistir ao seu culto?" Ao que o Espírito respondeu: "Cada colina de Niterói

---

[**] Percebia-se a forma astral de encarnação anterior da entidade, quando foi padre Gabriel Malagrida, santo sacerdote que a Inquisição sacrificou na fogueira, em Lisboa.

atuará como porta-voz, anunciando o culto que amanhã darei início". No dia seguinte, na casa da família Moraes, à Rua Floriano Peixoto, número 30, às 20 horas, estavam reunidos os membros da Federação Espírita para comprovar a veracidade do que foi declarado na véspera. Parentes próximos, amigos e vizinhos também se fizeram presentes, assim como, do lado de fora, uma multidão de desconhecidos. Foi então que o Caboclo das Sete Encruzilhadas se manifestou e declarou que naquele momento se iniciava um novo culto, com a participação de Espíritos de velhos africanos escravos que, desencarnados, não encontravam campo de atuação nos remanescentes das seitas negras, deturpadas e totalmente dirigidas a trabalhos de feitiçaria, além de índios nativos de nosso território que trabalham em benefício de seus irmãos encarnados, independentemente de cor, raça, credo ou condição social.

A prática da caridade, no sentido do amor fraterno, seria a característica principal do culto, que teria por base o Evangelho de Jesus, cujas normas o Caboclo então estabeleceu. Dentre elas, nas sessões diárias (assim seriam chamados os períodos de trabalho espiritual), das 20 às 22 horas, os participantes estariam uniformizados, todos de branco, e o atendimento seria gratuito. O nome do movimento religioso seria Umbanda, que significa "manifestação do Espírito para a caridade".

A casa de trabalhos espirituais fundada recebeu o nome de Nossa Senhora da Piedade, porque, assim como Maria de Nazaré acolheu o filho nos braços, também seriam acolhidos ali todos os que necessitassem de ajuda ou conforto. Ditadas as bases do culto, após responder em latim e alemão às perguntas dos sacerdotes presentes, o Caboclo das Sete Encruzilhadas passou à prática dos trabalhos, curando enfermos e fazendo andar paralíticos.

Naquele mesmo dia, o médium incorporou um Preto Velho chamado Pai Antônio, que, em decorrência de sua fala mansa, foi tratado por alguns como uma manifestação de loucura. O Preto Velho, proferindo palavras de muita sabedoria e humildade, além de aparente timidez, recusava-se a sentar à mesa com os presentes, dizendo: "Nego num senta não, meu sinhô; nego fica aqui mesmo. Isso é coisa de sinhô branco, e nego deve arrespeitá". Após a insistência dos presentes, ele pronunciou: "Num carece preocupá não. Nego fica no toco, que é lugá di nego". E assim continuou, proferindo outras palavras que expressavam sua humildade. Uma pessoa participante da reunião lhe perguntou se sentia falta de alguma coisa que havia deixado na Terra, ao que ele respondeu: "Minha caxima; nego qué o pito que deixô no toco. Manda mureque buscá".***

A solicitação desse primeiro elemento de trabalho para a nova religião deixou perplexos os presentes. Foi Pai Antônio também a primeira entidade a solicitar uma guia. As mesmas guias são usadas até hoje pelos membros da Tenda, carinhosamente denominadas de "guia de Pai Antônio". No dia seguinte, formou-se uma verdadeira romaria em frente à casa da família Moraes. Cegos e paralíticos foram curados. Todos iam em busca de cura, e ali a encontravam, em nome de Jesus. Médiuns cuja manifestação mediúnica era considerada loucura deixaram os sanatórios e deram provas de suas qualidades excepcionais.

A partir dessa data, o Caboclo das Sete Encruzilhadas começou a trabalhar incessantemente para esclarecer, difundir e sedimentar a Umbanda. Foi assim que fundou a corrente astral da Umbanda. Após algum tempo, um Espírito se manifestou com o nome de Orixá Malé, responsável por desmanchar trabalhos de baixa magia. Essa entidade, quando em demanda, mostrava-se sábia, capaz de destruir as energias maléficas dos que a procuravam.

Dez anos depois, em 1918, o Caboclo das Sete Encruzilhadas, recebendo ordens do Astral, fundou sete tendas para a propagação da Umbanda, sendo elas: Tenda Espírita Nossa Senhora da Guia, Tenda Espírita Nossa Senhora da Conceição, Tenda Espírita Santa Bárbara, Tenda Espírita São Pedro, Tenda Espírita Oxalá, Tenda Espírita São Jorge, Tenda Espírita São Jerônimo.

O termo "espírita", bem como os nomes de santos católicos nas instituições recém-fundadas, foram usados porque naquela época não se podia registrar o nome Umbanda, uma vez que esta era proibida e seus membros eram perseguidos pela polícia, que a confundia com macumba.

*** Provavelmente deve ter surgido daí o seguinte ponto cantado de Pretos Velhos: [6] Seu cachimbo tá no toco, manda moleque buscar/No alto da mata virgem, seu cachimbo ficou lá". Por essa circunstância, torna-se emblemática a presença dos Pretos Velhos na origem da Umbanda.

Quanto aos nomes de santos, era uma maneira de estabelecer um ponto de referência para os fiéis da religião católica que procuravam os préstimos da Umbanda. Enquanto Zélio esteve encarnado, foram fundadas mais de 10 mil tendas a partir das mencionadas.

Ministros, industriais e militares que recorriam ao poder mediúnico de Zélio para a cura de parentes enfermos, vendo-os recuperados, procuravam retribuir o benefício com presentes ou preenchendo cheques vultosos. "Não os aceite; devolva-os!", ordenava sempre o Caboclo. Mesmo não tendo seguido a carreira militar, para a qual se preparava, pois sua missão mediúnica não permitiu, Zélio nunca fez da religião sua profissão. Trabalhava para o sustento da família, tendo contribuído financeiramente diversas vezes para manter abertos os templos que o Caboclo das Sete Encruzilhadas fundou. Isso sem contar as pessoas que se hospedavam em sua casa (que, segundo dizem, parecia um albergue) para os tratamentos espirituais.

Zélio nunca aceitou a ajuda financeira de ninguém, pois era uma ordem de seu guia-chefe. O ritual era simples, nunca tendo sido permitido o sacrifício de animais. Não utilizavam atabaques ou quaisquer outros objetos e adereços. Esses instrumentos começaram a ser usados com o passar do tempo por algumas das tendas fundadas pelo Caboclo das Sete Encruzilhadas. A Tenda Nossa Senhora da Piedade não os utiliza em seu ritual até hoje. As guias usadas eram apenas as determinadas pelas entidades que se manifestavam. A preparação dos médiuns era feita com banhos de ervas, além do ritual do amaci, isto é, a lavagem da cabeça com ervas, em que os filhos de Umbanda se afinam com a vibração de seus guias.

Após 55 anos de atividade, o médium entregou a direção dos trabalhos às suas filhas, Zélia e Zilméa. Mais tarde, com sua esposa, Maria Isabel de Moraes, médium ativa da Tenda e aparelho do Caboclo Roxo, Zélio fundou a Cabana de Pai Antônio, no distrito de Boca do Mato, município de Cachoeira do Macacu, no Rio de Janeiro. Eles dirigiram os trabalhos enquanto a saúde de Zélio permitiu, tendo ele falecido aos 84 anos, em 3 de outubro de 1975.

Em 1971, a senhora Lilian Ribeiro, diretora da Tenda de Umbanda Luz, Esperança, Fraternidade (TULEF), no Rio de Janeiro, gravou uma mensagem do Caboclo das Sete Encruzilhadas, que espelha a humildade e o alto grau de evolução dessa entidade de luz, como mostra a transcrição dessa mensagem abaixo:

A Umbanda tem progredido e vai progredir ainda mais. É preciso haver sinceridade, honestidade. Eu previno sempre aos companheiros de muitos anos: a vil moeda vai prejudicar a Umbanda; médiuns irão se vender e serão expulsos mais tarde, como Jesus expulsou os vendilhões do templo. O perigo do médium homem é a consulente mulher; do médium mulher, é o consulente homem. É preciso estar sempre de prevenção, porque os próprios obsessores que procuram atacar as nossas casas fazem com que toque alguma coisa no coração da mulher que fala ao pai de terreiro, como no coração do homem que fala à mãe de terreiro. É preciso haver muita moral para que a Umbanda progrida, seja forte e coesa. Umbanda é humildade, amor e caridade – essa é a nossa bandeira. Neste momento, meus irmãos, me rodeiam diversos Espíritos que trabalham na Umbanda do Brasil: caboclos de Oxóssi, de Ogum, de Xangô. Eu, porém, sou da falange de Oxóssi, meu pai, e não vim por acaso, trouxe uma ordem, uma missão. Meus irmãos, sede humildes, tende amor no coração, amor de irmão para irmão, porque vossas mediunidades ficarão mais puras, servindo aos Espíritos superiores que venham trabalhar entre vós. É preciso que os aparelhos estejam sempre limpos, os instrumentos afinados com as virtudes que Jesus pregou na Terra, para que tenhamos boas comunicações e proteção para aqueles que vêm em busca de socorro nas casas de Umbanda.

Meus irmãos, meu aparelho já está velho, com 80 anos a fazer, mas começou antes dos 18. Posso dizer que o ajudei a se casar, para que não estivesse a dar cabeçadas, para que fosse um médium aproveitável e que, pela sua mediunidade, eu pudesse implantar a nossa Umbanda. A maior parte dos que trabalham na Umbanda, se não passaram por esta Tenda, passaram pelas que saíram desta casa.

Tenho uma coisa a vos pedir: se Jesus veio ao planeta Terra na humildade de uma manjedoura, não foi por acaso; assim o Pai determinou. Podia ter procurado a casa de um potentado da época, mas foi escolher naquela que poderia ser sua mãe um Espírito excelso, amoroso e abnegado. Que o nascimento de Jesus e a humildade que Ele demonstrou na Terra sirvam de exemplo a todos, iluminando os vossos Espíritos, extraindo a maldade dos pensamentos ou das práticas. Que Deus perdoe as maldades que possam ter sido pensadas, para que a paz reine em vossos corações e nos vossos lares. Fechai os olhos para a casa do vizinho; fechai a boca para não murmurar contra quem quer que seja; não julgueis para não serdes julgados; acreditai em Deus, e a paz entrará em vosso lar. É dos Evangelhos. Eu, meus irmãos, como o menor Espírito que baixou na Terra, porém amigo de todos, numa comunhão perfeita com companheiros que me rodeiam neste momento, peço que eles observem a necessidade de cada um de vós e que, ao sairdes deste templo de caridade, encontreis os caminhos abertos, vossos enfermos curados e a saúde para sempre em vossa matéria. Com um voto de paz, saúde e felicidade, com humildade, amor e caridade, sou e sempre serei o humilde Caboclo das Sete Encruzilhadas.

Zélio Fernandino de Moraes dedicou 66 anos de sua vida à Umbanda, tendo retornado ao plano espiritual com a certeza da missão cumprida. Seu trabalho e as diretrizes traçadas pelo Caboclo das Sete Encruzilhadas continuaram sendo desenvolvidos por suas filhas, Zélia e Zilméa, que carregam em seus corações um grande amor pela Umbanda, árvore frondosa que está sempre a dar frutos a quem souber e merecer colhê-los.

"IDENTIDADE" dos ritos de iniciação com o sangue de Jesus

A interpretação das escrituras, mesmo as do Novo Testamento, dá margem a distorções, de acordo com o interesse pessoal do interpretador. Infelizmente, o que é reconhecido como cristianismo na sociedade se vincula à religião católica, a qual manteve o legado de Jesus vivo na memória coletiva desde o calvário na cruz e muito infantilizou as populações com seus dogmas infalíveis e poderosos papas.

O "ser cristão" se estreita diante da amplitude do "ser crístico", uma vez que o legado do Cristo-Jesus é universal e localizado em várias vertentes filosóficas e religiosas materializadas no planeta. Há, portanto, de se alargar as interpretações estandardizadas.

O simbolismo "tomar e beber o cálice do sangue de Jesus" deve vivificar os seres para interiorizarem os postulados evangélicos, vitalizando-os espiritualmente a praticar a boa-nova, assim como a circulação sanguínea faz com todos os órgãos físicos.

O pastor que toma conta do rebanho, procurando unir as ovelhas dispersas na escuridão e diante de nuvens sombrias, conclamando seus seguidores para que localizem as que se encontram perdidas, além de reconduzir as extraviadas, enfaixar as de patas quebradas, fortalecer as doentes e vigiar o carneiro gordo e forte, fazendo justiça entre uma ovelha e outra, entre bodes e cabritos, não recomenda ceifar cruelmente uma vida animal em remissão dos pecados. Pela letra das escrituras, na parábola, os justos perguntam: "Senhor, quando foi que te vimos com fome e te demos de comer? Com sede e te demos de beber? Quando foi que te vimos como estrangeiro e te recebemos em casa; e sem roupa, te vestimos? Quando foi que te vimos doente ou preso e fomos te visitar?" Então o rei lhes respondeu: "Em verdade, vos digo que todas as vezes que fizestes isso a um dos menores de meus irmãos foi a mim que o fizestes!"

É inconcebível supor que a matança animal foi recomendada pelo Divino Mestre.

A herança do reino que o Pai preparou para cada um de Seus filhos, desde os primórdios em que foram criados como Espírito imortal, é uma só: a unidade igual para todos, calcada nas leis cósmicas universais. No exercício do livre-arbítrio individual se agrava a situação dos cidadãos travestidos de sacerdotes que impregnam as palavras do Cristo-Jesus com personalismos afins à coletividade que os ouve, criando sérios compromissos recíprocos quando utilizam as escrituras sagradas de outras religiões. Eles conspurcam conteúdos doutrinários em proveito pessoal, mantidos em suas necessidades materiais de vender trabalhos milagreiros, com as tristes matanças dos irmãos menores do orbe.

IDENTIDADE na
diversidade umbandista

A diversidade umbandista demonstra a variedade de consciências em evolução retidas no ciclo carnal. Cada chefe espiritual tem liberdade de impor mudanças nas práticas ritualísticas dos diversos terreiros. Contudo, é imperioso o estabelecimento de limites num cenário em que a unidade na diversidade comporta variação nos ritos.

O que se observa nos ritos introduzidos e preservados na Umbanda das religiões afro, com raízes nas diversas nações daquele antigo continente, é que perderam ao longo do tempo sua linhagem e força doutrinária, seu axé, em seus aspectos positivos e benfeitores.

O culto aos Orixás, que originalmente tinha no corte e no sangue seu ato de força culminante nos clãs tribais do interior africano, não se justifica no terceiro milênio e não deve fundamentar, na Umbanda, atitudes de ligação com o sagrado que adquirem contornos excessivamente personalísticos, de acordo com cada indivíduo que chefia o terreiro, conduzindo a infinitas variações de centro para centro, adaptadas aos mais diversos interesses mundanos e mercantilistas. De todo modo, pelas leis cósmicas, isso deve ser respeitado, mesmo em rituais distorcidos, uma vez que cada um colhe o que semeia, portanto não temos o direito de julgar ninguém.

Todavia, buscamos esclarecer a comunidade que nos é simpática, afirmando que é dispensável o corte ritualístico de qualquer espécie. As entidades espirituais que sustentam a Umbanda e os Maiorais do Espaço são todo amor pelos animais menores do orbe, irmãos que também são Espíritos como nós. Os atos sacros, a veneração ao sagrado, aos Orixás, na Umbanda, não se fundamentam em imolar e causar dor e sofrimento.

A verdade é que quase nenhum sacerdote que se diz umbandista e defende os sacrifícios animais preocupa-se em sistematizar suas práticas num conjunto mínimo de enunciados coerentes diante da comunidade umbandista, propiciando visão meramente pessoal, anárquica e reducionista da Umbanda, fruto da mistura desregrada de acessórios ritualísticos que enfraquecem a religião e são incompatíveis com sua essência, que é fazer a caridade, havendo perda de referenciais, o que é de interesse dessas lideranças, felizmente e cada vez mais uma minoria.

A Umbanda nasceu como um movimento organizado no Astral Superior exatamente para combater as distorções nos ritos que desencadearam todo um processo de magismo negativo que ainda impera, fortalecido no solo da nação brasileira. O que a Umbanda[*] confronta, em

---

[*] É importante destacar que Umbanda e catolicismo são diversos, apesar do sincretismo que teve raízes históricas; Umbanda e espiritismo também são diferentes, embora ensinem as mesmas grandes leis milenares da evolução, do carma e da reencarnação; e Umbanda e candomblé, da mesma forma, são distintos, apesar de ambos realizarem o intercâmbio com os planos invisíveis.

sérias demandas no Astral, mantém-se pela vampirização coletiva que se sustenta pelo sangue** derramado, pela energia vital emanada dele, o ectoplasma, alimentando Espíritos densos, mais animalizados que os animais, formando simbiose com vários centros da crosta, de difícil solução a curto prazo, pela fascinação e pelo engambelo envolvidos.

IDEOPLASTIAS no Plano Astral

Os medianeiros precisam muito de nosso auxílio, e temos comprometimento nesse sentido, pois não há ociosidade no Cosmo. Quando em trabalho de caridade, na maioria das vezes, precisamos criar cenários, numa ideoplastia, a fim de conseguirmos o ato volitivo, da vontade do medianeiro, que precede a formulação do pensamento, que deve ser compatível com o tipo de atividade realizada.

Vamos exemplificar: se estamos num trabalho de varredura energética, de higienização em uma determinada localidade astralina, e a visão desse cenário chocaria e desequilibraria os pensamentos do médium, caindo seu padrão vibratório, criamos na sua tela mental ou à sua volta um cenário fluídico, de um local sujo, que precisa ser limpo e, por intermédio desse quadro, no qual nosso obreiro se apoia de forma que lhe é

** "[...] é indispensável explicar que o sangue é rico em proteínas. Por isso, a sua contraparte etérica é absorvida por entidades do submundo astral, chamadas por esse motivo de 'vampiros'. Devemos lembrar que o sangue carreia enorme vitalidade por meio da hemoglobina, proteína responsável pelo transporte de oxigênio no processo de respiração. Muitas dessas entidades inferiores não possuem essa energia, e por estarem muito materializadas precisam dela, pois sentem-se 'desvitalizadas'. Induzem então pessoas incautas a fazer determinadas oferendas [...] e, ao mesmo tempo, passam a vampirizá-las, fazendo com que se sintam 'obrigadas', atraídas, a dar oferendas periódicas. Evidente que esses espíritos não comem os bichos, mas sugam a contraparte etérica. O mesmo acontece com o álcool (marafo ou marafa). O elemento sangue é o elo com o baixo Astral e, por isso, ele é utilizado [...]. Necessitam dessas energias vitais e se sentem fortalecidos. Essas obrigações são deletérias para as pessoas que as fazem porque se tornam escravas desses seres. Para se manterem vitalizados, induzem ou pedem diretamente, passando-se por exus nos terreiros, oferendas nas encruzilhadas de asfalto, que são locais condensadores, sugadores dos mais variados pensamentos negativos" (*Exu, o grande arcano*, de Francisco Rivas Neto (Yamunisiddha Arhapiagha), p. 77).

mais familiar, conseguimos o pensamento correspondente e adequado, que nesta exemplificação poderia ser: "por que este local está sujo e ninguém o limpa?" A partir daí, mobilizamos melhor os recursos magnéticos, energéticos e fluídicos densos para a consumação final do trabalho.

Esse artifício positivo é muito solicitado no trato com os irmãos desencarnados. Criamos cenários similares aos da vida que tiveram quando encarnados, a fim de que eles se sintam bem. Esses recursos são utilizados igualmente naqueles medianeiros que têm a clariaudiência. Utilizamos recursos sonoros, de sonoplastia, para resultado satisfatório. Em ambos os casos, podemos mobilizar registros, visuais e sonoros, de ideoplastia e sonoplastia, que ficaram no éter cósmico, como que gravados numa fita magnética. Interceptamos essas gravações, independentemente da antiguidade no tempo como vocês conhecem, pois todas estão lá e são acessíveis.*** É como se essas gravações fossem feitas uma em cima da outra e pudéssemos dissociá-las a qualquer momento, capturando a de interesse específico.

Chegará um dia em que o princípio espiritual se libertará, voltando definitivamente ao Todo cósmico, ao seio do coração divino, contribuindo com a criação, com a harmonia universal, sendo infinito o campo de atuação. Assim, irmãos, se libertem, e que o Cristo ilumine sua caminhada: "Conhecereis a verdade, e a verdade vos libertará".

Observações do médium

Quanto aos recursos de ideoplastia, vamos exemplificar com um fato que ocorreu em nosso templo. Certa feita, Ramatís se apresentou a nós acompanhado de um chinês, que usava vestimenta larga nas extremidades dos braços e parecia um mestre, especialista em magnetização e energização no Astral. Há alguns dias, houve um trabalho de sensibilização vibracional e perispiritual, individual e de todo o grupo mediúnico, em desdobramento, com o intuito de melhorar a sintonia nos trabalhos. Como todo sábio

---

*** Registros akáshicos, na terminologia oriental familiar no Ocidente, ou memória da natureza.

chinês, sutil, esse mentor utilizou-se de um recurso de "ideoplastização", isto é, um aparelho chamado "magnetron" lançava jatos ou pulsos energéticos magnéticos quando segurávamos na ponta de um fio que saía dele. Ficávamos de mãos dadas, os jatos passavam de um para outro dos participantes, criando-se um campo vibracional único.

INICIAÇÃO – carmas a "queimar"

As iniciações na Umbanda relacionam-se com o mediunismo entre os planos astral e físico. As verdadeiras iniciações da Grande Fraternidade Universal objetivam mudanças de plano vibratório, em que o iniciando não pode ter rupturas na tela búdica (tela etérica) ou carmas a "queimar" no ciclo carnal, causados por uso da magia negra, nesta ou em existências passadas. Essas pequenas diferenças devem ser esclarecidas, pois há muita confusão e erros de entendimento.

As iniciações dependem da finalidade. Na Umbanda, intentam ajustes vibratórios magnéticos dos corpos sutis, ligados ao quaternário inferior (mental concreto, astral, etérico e físico), e dos chacras. Visam à fixação fluídica (mental-astral-etérica) do médium magista com as sete linhas ou Orixás e com as respectivas entidades que trabalharão com ele, enquanto lhes servirá como aparelho.

A busca dessa sintonia fina envolve rituais no Astral, em espécie de lojas etéreas umbandistas, com manipulação de elementos astrológico-planetário-magnéticos, onde somos um iniciador. Levamos a efeito tarefas relacionadas com o agrupamento do Oriente[*] e nos apresentamos em corpo de ilusão[**] de nossa encarnação inglesa, quando emigramos para a Índia e nos tornamos um iogue, submetendo-nos ao método

---

[*] É indevidamente chamado de "linha do Oriente", visto que é um agrupamento que atua sob a linha de Oxalá.

[**] Veículo transitório de matéria astral criado para uso momentâneo por guias, protetores e mestres que habitam planos superiores de consciência. Boa parte das figuras de Pretos Velhos e Caboclos da Umbanda é dessa natureza. São instrumentos de trabalho, nada mais, criados pelo poder mental que aglutina as moléculas de matéria astral.

de iniciação aplicado por nosso amado guru ancestral, reencontrado no Oriente naquela vida.

INICIAÇÃO – sacrifício animal

Cada culto preserva suas características peculiares, que satisfazem às consciências aglutinadas nas instituições da Terra. Por essa razão, vocês não devem tecer julgamentos, mesmo nas situações lamentáveis de manutenção dos dispensáveis sacrifícios animais que ainda são defendidos em alguns cultos. Isso ocorre em prol do direito de sacralização dos templos, de veneração ao sagrado e divinização dos Orixás por meio do corte ritualístico, com o objetivo de fazer a ligação do profano com o sagrado, tudo em nome da liberdade religiosa, como se não fosse possível se religarem com o Divino pelo esforço interior.

É um comportamento dissociado no tempo, deslocado psicologicamente para as práticas dos clãs tribais que ocorriam há centenas de anos nos territórios africanos.

É *inconcebível* matar em nome dos Orixás, que são aspectos vibracionais do Divino, que é todo amor. Isso é feito em nome de um falso divino, num ato ritualístico em que a faca afiada é manejada habilmente por um sacerdote que só faz isso e que sabe perfurar com precisão cirúrgica, até chegar no ápice da barbárie atávica que leva ao êxtase com entoação do cântico fatídico, que sinaliza autorizando a cortar a cabeça do indefeso animal. Esse ato instiga a centelha espiritual que o anima a uma luta instintiva para permanecer no veículo físico, o que, por um mecanismo de causalidade vibratória, imanta os Espíritos sedentos da vitalidade corpórea no despojo carnal quente, eivado de tônus vital, a continuar chumbados na crosta como se estivessem "vivos" no solo poeirento e árido da antiga África.

Há de se aguardar a inexorável ferramenta do esclarecimento que instrui, para que a dependência psíquica dos sortilégios e fetichismos diminua. Afirmamos que as práticas dos sacrifícios animais não têm nenhuma relação com o movimento de Umbanda organizado no Plano Astral, que é todo amor, humildade, simplicidade e caridade aos cidadãos da Terra. Os benfeitores espirituais respeitam o livre-arbítrio, mesmo quando se imola uma ave que fica exposta putrefata em despacho de encruzilhada. São lamentáveis os atos insanos contra os irmãos menores do orbe (os animais) em troca de moedas. Saibam que os animais são criações divinas e Espíritos como vocês, portanto, têm os mesmos direitos à vida.

Que Oxalá esparja Seu manto de caridade sobre as práticas indevidas em nome da Umbanda! Chegará o momento cósmico em que cada praticante desses atos distorcidos prestará contas à contabilidade sideral.

Quanto às classificações em diversos cultos, isso está de acordo com o estágio de consciência coletiva, que se estrutura em pequenos agrupamentos como células e moléculas que se somam formando um organismo maior. As separações definem o mediunismo na Terra, uma vez que seus habitantes não conseguem vivenciar nas almas o universalismo.

A unificação ocorrerá quando for de senso comum a tarefa enfocada na essência do amor e da caridade, e não no meio pelo qual essa essência sublimada se manifesta aos escassos sentidos de vocês, presos na forma física transitória.

INICIAÇÕES no Plano Causal

Um esgrimista que não tem precisão se ferirá. O fato de os homens terem uma estrutura de corpos sutis equivalente aos planos vibratórios do Universo setenário (átmico, búdico, causal, mental inferior, astral, etérico e físico) não capacita a sua consciência para que se utilize deles como veículos de expressão nesses planos. Transportar-se ou conduzir-se, conscientemente, nos planos correspondentes a todos os sete corpos é o objetivo final das iniciações superiores, quando a individualidade estará pronta para transitar desde as dimensões superiores até os subplanos astrais inferiores.

Não temos palavras capazes de fazer vocês entenderem como ocorrem as mudanças de veículo da consciência nos planos superiores. Podemos afirmar que a maioria dos filhos consegue entrar com o corpo astral no Plano Astral, mas poucos sabem disso. Quando esse corpo estiver apto para ser utilizado com maior capacidade de percepção, tornando-se um confiável veículo de expressão da consciência[******], podemos proceder à primeira iniciação no Plano Astral, o que dará um adequado controle da mente sobre sua atuação. Aos poucos, vão se ampliando a desenvoltura e a sensibilidade do neófito, até que o poder de livre trânsito da mente no corpo astral é adquirido de direito, o que caracteriza um candidato à segunda iniciação, que se efetuará no plano mental inferior, ao contrário da primeira, que se realizou no Plano Astral. É o que podemos compartilhar com os filhos.

A partir da terceira iniciação, que se efetiva no plano causal, ou mental superior, onde só existe matéria mental sem imperfeições, pertencente aos subplanos superiores do plano mental, fica por demais abstrato, exigindo esforço desnecessário ao instrumento com que estamos a transmitir nossos pensamentos.

Na verdade, o sensitivo que ora nos recepciona as ideias não tem condição psíquica de entendimento para maiores descrições do plano mental superior, que é todo perfeição. Seu cérebro físico é como uma muralha de pedra que o impede de sobrepujar a barreira vibratória para sua entrada consciente além do plano mental inferior. No máximo, o instrumento que ora nos empresta o psiquismo percebe clarões multicoloridos, translúcidos, rápidos e intensos vindos do seu corpo causal, direto do plano mental superior.

É importante que fique claro que a consciência, gradativamente, vai adquirindo condições de estagiar em cada um dos sete grandes planos vibratórios do Universo, utilizando envoltório ou corpo espiritual afim com o plano que está sendo explorado. Isso é o que qualifica um corpo sutil que envolve a mônada espiritual como veículo da consciência. O fato de os filhos terem uma estrutura de corpos setenária não os autoriza a usá-los como veículos da consciência, o que requer graduação evolutiva.

Na Umbanda, as iniciações não se referem à mudança de plano vibratório enquanto campo de atuação dos veículos da consciência. Simplesmente se alinham os corpos e se ajustam os chacras do quaternário

---

[******] Em outros termos, é quando a criatura pode atuar com plena desenvoltura naquele corpo, consciente do plano onde se encontra, ou plenamente desperta. A maioria das pessoas, quando em corpo astral, comporta-se como em sonho, que dirá nos planos superiores!

inferior, que se adaptam às frequências vibratórias das entidades, dos guias e protetores, que se comunicarão de outra dimensão nas sete linhas ou Orixás, por intermédio do instrumento mediúnico dócil e passivo na Terra. O corpo astral fica levemente desprendido, mas de maneira alguma serve de veículo da consciência encarnada no Plano Astral quando se dão as manifestações dos Caboclos, Exus e Pretos Velhos na Umbanda, nem se fazem iniciações com essa intenção.

INTERFERÊNCIAS no trabalho mediúnico

Quaisquer emoções ou sentimentos negativos podem tornar vulto, crescendo, sobremaneira, nos relacionamentos entre os componentes encarnados dos trabalhos mediúnicos. O medianeiro deve estar sempre atento, vigiando o que ocorre no seu campo interno, sob pena de dar abertura às influências maléficas do "lado de cá". As sutilezas desse processo são de difícil percepção. Por mais que o médium se esforce – e, às vezes, nem se esforça tanto – no conhecimento de si mesmo, há ocasiões em que as próprias situações do cotidiano se impõem, e ele acaba permeado pelo campo dos maus sentimentos.

Não é por acaso que, antigamente, aqueles que se interessavam pelas questões espirituais e ingresso nas fraternidades iniciáticas da época, diante da necessidade premente de modificação interior, tinham que se recolher a locais de isolamento, minuciosamente preparados, para conseguir estudar, ficando ausentes do mundo durante o longo tempo exigido à iniciação e ao aprendizado das verdades ocultas. Seria descabido pedir algo semelhante hoje, até porque a realidade do Espírito em evolução exige o educandário da vida cotidiana, com os seus atavismos, experimentando-se as decorrências advindas: os sofrimentos, as dores e os desencantos, as realizações, as conquistas e as alegrias, tão comuns em toda a História e, em especial, no momento atual, pela sua complexidade.

Embora o Espírito encarnado se dedique ao autoconhecimento, na verdade é um desconhecido de si próprio, visto que ainda não tem condições evolutivas de acesso à sua memória integral. Fazem-se importantes o estudo e a reforma íntima, tão apregoados pela doutrina espírita, mas tão pouco interiorizados, com vistas a elevar os pensamentos e enobrecer os sentimentos. Adquire-se, dessa forma, um grau de discernimento tal que permite distinguir os sentimentos negativos, se são próprios do psiquismo do médium ou de um agente externo.

As influenciações são muito sutis. Na intenção de abalar e acabar com um agrupamento de trabalhadores da mediunidade, as organizações trevosas movimentam os mais variados recursos e tecnologias. O conhecimento não é propriedade somente dos Espíritos bondosos, mas a sabedoria sim.

Imaginem o manancial de conhecimento que adquiriu um Espírito empedernido no mal, no ódio, em milênios de reencarnações e mais algumas centenas de anos conseguindo fugir à encarnação, tal o seu poder mental, imperando no baixo Astral como se fosse príncipe, com disciplina rígida sobre seus súditos, liderando exército de seguidores, caracterizando-se por verdadeiro mago negro. Conhecedor profundo da psicologia e da fisiologia humanas, estuda com frieza e pormenorizadamente, dispondo de recursos técnicos condizentes, por extenso período e sem pressa, os pontos fracos e as brechas cármicas daqueles que quer fragilizar. Aumenta, acentuadamente, os sentimentos negativos, quando lhe dão abertura, num processo de indução mental. Cria situações variadas e engenhosas para o envolvimento, fazendo com que o médium entre em conflito com o dirigente ou odeie o irmão do lado por razões inusitadas e banais.

O amor é o antídoto para tudo isso. Os dirigentes não devem considerar-se senhores da verdade nem dar excessiva ênfase à dialética, ainda mais se escasseia o sentimento amoroso. Acontece que, na maioria das vezes, deixam-se levar pela rotina, estabelecendo-se vagarosamente o enfado e uma oratória quase que mecânica. Os médiuns não devem querer se mostrar melhores "dirigentes", pois são os dirigidos. Disputas como essas são inconcebíveis no trabalho de caridade.

Diante desse entendimento, trabalhem, doem-se, tenham amor e humildade. Os irmãos sofredores precisam muito dos bons sentimentos, das boas vibrações, por isso, esperamos que façam a sua parte, pois nós fazemos a nossa. Vejam, ninguém é perfeito! A perfeição absoluta cabe e pertence ao Pai. Somos eternos aprendizes.

    Jesus foi médium em todo lugar e todo tempo. Amou, perdoou, teve confiança no Pai Maior e continua a nos inspirar e indicar o caminho: "vigiai e orai".

JESUS e o amor pela humanidade

Jesus permitiu ser crucificado num ato sublime de amor pela humanidade. Nessa caminhada, Seus piores inimigos, os chefes da sinagoga, O desafiaram com arrogância: "Se tu és o filho de Deus, desce da cruz e estaremos contigo". Seus companheiros no suplício pediram que provasse ser o messias, dizendo: "Se tu és o Cristo, o filho de Deus, salva-te a ti e a nós também". Sabedor das verdades espirituais, teve temperança inabalável e pediu perdão ao Pai por eles. Voltaria como o Cristo ressurreto, evidenciando Seu poder pela materialização do seu perispírito e provando a existência das estrelas reluzentes das verdades do Reino de Deus diante do ouro ilusório do reinado pueril da materialidade.

JESUS e sua missão sacrificial

Jesus cumpriu Sua missão com galhardia. Depois da celebridade na entrada triunfal em Jerusalém, anulou a ilusão do poder religioso terreno transitório e incorporou soberbamente sua missão redentora. Assim como um alimento vigoroso tem que ser mastigado e triturado para ser metabolizado em forma proteica superior pelo corpo humano, o Mestre dos mestres caminhou resolutamente para a aniquilação física do Seu veículo orgânico na cruz. A sequência dos fatos de Sua paixão e morte demonstrou a plenitude do Seu sacrifício cósmico, integral, absoluto, renunciando às glórias efêmeras dos títulos sacerdotais terrenos e se integrando na ordem universal do Cosmo, que se revela na prática incondicional do amor.

JUSTIÇA – efeito de retorno na magia

Uma forma de pensamento, para atingir um ente, deve encontrar afinidade. Os afins se atraem. É uma das leis cósmicas imutáveis, sendo improvável que uma forma de pensamento criada para o mal consiga se fixar no campo áurico de um homem totalmente devotado ao bem e que não tenha registros negativos, atemporais, de vidas passadas, impressos em seu corpo mental inferior.

Observem que os missionários são "inatingíveis". Suas vibrações crísticas são como uma barreira intransponível para tudo de mal que se possa desejar contra eles. Dessa estirpe, temos seres da envergadura de Chico Xavier, Mahatma Gandhi, Allan Kardec, Zélio Fernandino de Moraes, Francisco de Assis, Apolônio de Tiana e o inigualável Jesus.

O risco que corre o mago feiticeiro é que o mal que deseja, ao criar suas formas de pensamento contra um homem de bem, retorne em igual ou maior proporção para si, pois, ao não se fixarem no alvo visado, essas formas se voltam para o seu criador, pela lei natural de atração. Por isso é que, na Umbanda, existem os locais de descarga dentro do templo, para onde todas as formas de pensamento que tentam atingir a corrente mediúnica são direcionadas e desintegradas na natureza, quando não retornam aos seus mandantes.

JUSTIÇA – formas-pensamento retornam ao alvo

Os aprendizes de outrora, candidatos a iniciados, passavam anos se preparando antes de começarem os trabalhos práticos de magia e as incursões no mundo oculto. A mente pura e adestrada pelos pensamentos disciplinados e o coração tomado de bons sentimentos são as melhores proteções contra os assédios das sombras. Os exercícios de preparação, que duravam anos, para aqueles que conseguiam suportar até o final todas as iniciações diante dos severos iniciadores, "construíam" nos corpos mental e astral matéria mais sutilizada, tirando-os da faixa de frequência das vibrações baixas e densas e dos ataques das zonas trevosas do Espaço.

Os magos brancos de antigamente sabiam que os maus pensamentos projetados contra os corpos purificados retornariam pelas mesmas linhas magnéticas que os trouxeram, levando-os de volta aos emissores. O mago negro, criador da forma de pensamento maldosa, impregnada de baixas vibrações, possuindo em seus corpos matéria similar a ela, naturalmente sintoniza com tais vibrações enfermiças, sofrendo os efeitos de arraste da "entidade" que ele mesmo plasmou para o mal, afetando-o mental, astral e fisicamente.

Compreendam que suas mentes são como transformadores de voltagem: estão sempre criando, por meio de contínuas ondas emitidas, formas de pensamento astral-mentais que servem como poderosos condensadores das energias cósmicas.

Num templo consagrado, todas as emanações mentais são utilizadas para o bem, e os fiéis e crentes estabelecem uma ponte que faz fluir as forças divinas que se rebaixam para os auxiliarem. Da mesma forma, em todos os lugares em que vocês se encontram, podem estar sendo criadores ou alvos do processo inverso, em que mentes empedernidas no mal anseiam por seus pensamentos, eivados de egoísmo, que farão o corpo mental inferior "exigir" ao corpo astral que expresse sentimentos negativos, advindo então as formas-pensamento pardacentas, densas, pegajosas e causadoras de mal-estar, que se tornam valiosos artificiais para os magos negros.

Projetar e materializar nas dimensões rarefeitas as formas que suas mentes constroem é lei da natureza. O que os sensitivos devem saber é que para manipular as energias cósmicas para o bem, no auxílio ao próximo, devem ter em si as fortalezas crísticas do amor, do altruísmo e do desinteresse pessoal, o que os fará instrumentos seguros para os Espíritos do Além.

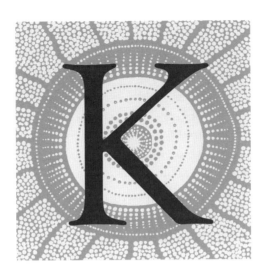

KARMA (ou carma) dos sacrifícios animais

Enquanto o sangue dos irmãos menores do orbe verter entre ladainhas e cânticos religiosos, os Espíritos desencarnados amotinados nas entranhas dos umbrais inferiores terão farto "tônus vital" para a manutenção de suas fortalezas, sustentando as práticas coletivas do vampirismo, da obsessão e da feitiçaria em simbiose com seus medianeiros. O corte sacrificial travestido de rito sagrado encontra guarida nas leis dos homens em favor da liberdade de expressão religiosa, no entanto aprisiona os que sacrificam numa enorme teia cármica de consequências nefastas aos envolvidos. As leis dos tribunais divinos não se prendem às leis da justiça humana, que, muitas vezes, são anômalas, assim como podem ser distorcidos os interesses dos legisladores quando objetivam angariar simpatizantes e votos nas urnas.

Os Espíritos rebelados que distorcem as leis de merecimento e de livre-arbítrio com a mortandade de animais no escambo mediúnico com o Além, aos poucos, vão sendo convertidos pela atuação das seitas evangélicas da Nova Era, que substanciam a indústria de milagres abundantes e prósperos nas vidas dos cidadãos, enquanto o Jesus imolado continua vertendo sangue pela cruz para livrá-los dos pecados. A oferenda sacrificial de animais mortos se desloca para o corpo de Jesus crucificado, e os elementos materiais utilizados são permutados por dízimos e ofertas, quanto maior for o milagre almejado. Os terrícolas convertem-se em escravos do mundo oculto, que utiliza o salvacionismo para pescar prosélitos, enquanto diminui o sangue dos animais e aves nos ritos religiosos e aumenta simbolicamente o sangue de Jesus na cruz num sistema de compensação psíquica que acomoda essas mentes doentes habituadas a trocar com o Além. Nada está errado, nada está certo, tudo se acomoda na Providência Divina: Deus escrevendo por linhas tortas alcança o objetivo final de transformação das consciências distantes das estradas retas, estreitas e afoitas dos dogmas das religiões terrenas.

Os acontecimentos aparentemente insólitos, eivados de intolerância e preconceito humanos, são frutos da bondade e do amor do Pai, que dá o livre-arbítrio e associa-o ao merecimento. Pela transitoriedade do mundo material e pela natural ansiedade das individualidades durante um breve interregno encarnatório, o que parece a vocês um absurdo nada mais é que o atrito de consciências emaranhadas entre si, desembaraçando o novelo de suas histórias espirituais que antecedem largamente o nascimento na carne e que ultrapassarão com folga a morte física.

Enquanto o amor não brotar nos corações duros – amor que se pereniza ao amarem os animais como a vocês mesmos e ao seu próximo mais ainda –, Jesus continuará "morrendo" na cruz para salvar os terrícolas. Da mesma forma, o calvário do Cordeiro continuará sendo venerado e substituído, pouco a pouco, por carneiros, bodes, galos e vacas sacrificados nas religiões que sustentam as práticas mágicas populares.

É mais cômodo aceitar, sem maiores esforços, o corpo de Jesus sacrificado no lugar do animal imolado, convertendo-se a uma nova religião e, ao mesmo tempo, continuar com os mesmos atavismos mentais do que alterar um único hábito arraigado há milênios por outro de moral evangélica. As consciências cristalizadas em si mesmas e dispensadas de quaisquer esforços próprios, acomodadas nas trocas com o Espírito Santo e com os Orixás, são como os pássaros criados em gaiolas e que desaprenderam a voar. Ao deixarem de matar os animais, abriram-se as portas das gaiolas, mas ainda não aprenderam a voar.

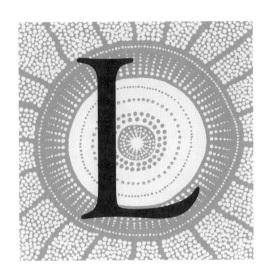

LEI das
correspondências vibracionais

A transmutação*, ou alquimia cósmica, ocorre em todos os planos da existência, visível e invisível, na ascese evolutiva do Espírito. Tornou-se a ideia básica derivada da antiga filosofia hermética, prática filosófica que se baseia nos escritos associados ao sábio Hermes Trismegisto. O homem, criado à imagem e semelhança de Deus, pode criar, tendo as mesmas potencialidades do Criador. Não haveria um conjunto de leis para o Cosmo e outro para o homem; logo, um mesmo conjunto de leis tudo rege, tanto no Espaço sideral como em todos os lugares, perceptíveis e imperceptíveis aos sentidos físicos.

A matéria-prima da criação é a "energia-espírito", o fluido cósmico universal, pois o movimento ou a vibração da mente, num ato volitivo, dividiria essa energia em todas as formas de matéria. Os alquimistas desconheciam a terminologia da atual ciência física, entretanto, compreenderam na Antiguidade que toda matéria era uma só coisa, provinda da

---

* Processo de transformação de algo comum em valioso.

mesma essência, havendo somente uma diferença vibratória em suas várias formações. Logo, a transmutação seria alcançada por meio da real compreensão da Lei das Correspondências no Cosmo, que atua em todos os níveis vibracionais.

Lamentavelmente, muitos alquimistas, obsedados pelos magos feiticeiros, deturparam os conhecimentos herméticos primitivos, deixando-se levar pela tresloucada ambição, e conseguiram agir pela manipulação magnética das energias-espírito neutras da natureza, ou elementais, despolarizando as correspondências magnéticas, positiva ou negativa, de cada elemento material que tentavam alterar ou transmutar em busca do seu sonho, o ouro.

Na Lei das Correspondências, cada espírito, independentemente de seu estágio evolutivo, encontrando-se "aprisionado" num corpo físico ou estando a movimentar-se no plano mental puro, livre das formas, está sujeito à correspondência atrativa do semelhante com semelhante, positivo com positivo, negativo com negativo. A ciência física já aceita o conceito de antimatéria, de holograma, quarks, realidade virtual, mas ainda não se deu conta da atração das cargas de mesmo sinal, em que semelhante atrai semelhante e dessemelhante repele dessemelhante, que trará uma nova visão do Universo, permitindo abrigar uma série de fenômenos espirituais, mentais e físicos. O descortinar desses novos conhecimentos da física terrena está aprovado pelos Maiorais dos destinos do orbe terrestre e, gradativamente, descerão do Alto como chuva no deserto árido do atual estágio mental da Terra. Acabará a incredulidade dos terrícolas em relação às verdades espirituais e, nesse movimento evolucional do planeta, não haverá nenhuma demonstração de dogmatismo, comparável ao existente na época do consternado Galileu.

O pensamento é a mola propulsora que faz a ação nos sete planos ou campos vibracionais, que estão em correlação e interpenetrados no Cosmo, numa espécie de coexistência, que foge à concepção linear de tempo e espaço de vocês. Assim, é necessário repetirmos essa conceituação na continuidade desta exposição, a fim de que fixem, convenientemente, os enunciados, pois, se observarem, cada mensagem tem trazido conceitos importantes às mensagens subsequentes.

Esses planos, ou campos vibracionais em sucessão, são como dimensões de vida interpenetradas: as de vibrações mais rápidas e rarefeitas permeiam as mais lentas e condensadas, mas sem se misturarem. Do mais lento para o mais rápido, temos: o plano material com o corpo físico e o corpo etérico ou duplo etérico (ou etéreo); o Plano Astral com o corpo astral ou o perispirítico; o plano mental com os corpos mental inferior e mental superior; e os planos búdico e átmico.

Qualquer agente no Cosmo, desde o primeiro estágio da manifestação da consciência e da vida na matéria, está sujeito à atuação e ao magnetismo do campo vibracional correspondente. Quanto mais condensada a matéria, mais lenta é a vibração do campo apropriado. Quanto mais rarefeita a matéria, com menos massa, mais rápida a vibração adequada. Como no Cosmo tudo é harmônico, existem sete grandes faixas vibratórias correspondentes a harmonizá-la.

De conformidade com a elevação da faixa vibracional, tudo é mais leve, mais fluídico, mais luminoso e mais modificável pela força de transmutação alquímica do pensamento. Os campos vibracionais se complementam e se influenciam mutuamente. Todos estão em vocês, como corpos intermediadores das diferentes faixas vibratórias do Espírito encarnado. As potencialidades ascensionais do Criador dormitam nos Seus filhos amados, criados à Sua imagem e semelhança, embora nunca igualando-O. Vocês são anjos, aguardando o momento de pairar nos jardins angelicais em que o Pai os recepcionará com o Seu amor indescritível e indecifrável por faltarem vocábulos correspondentes no seu atual plano de manifestação.

O plano em que vocês se encontram é o material, em correspondência com o corpo físico e seus limitados sentidos, que sustentam a vida do Espírito encarnado com os seus semelhantes. O corpo etérico ou duplo etérico (ou etéreo) liga-se ao físico e ao perispírito ou corpo astral, intermediando e transmitindo ao cérebro físico as manifestações vibratórias e os impulsos do Espírito e de outros Espíritos desencarnados. A mente do Espírito atua no plano mental por intermédio do seu corpo mental. Estando encarnado ou desencarnado, em todos, independentemente desses corpos intermediadores, está contido o princípio espiritual, eu divino impulsionado a ser crístico quando atingir sua plenificação na longa escada evolucional.

Existe uma força centrífuga que dirige o princípio espiritual para o "centro" do corpo físico, imantando-o com fortíssimo magnetismo, em correspondência com o campo gravitacional da Terra, mantendo-o encarcerado e impedindo-o de retornar ao Todo cósmico, ao seio do Pai. Nas leis de causalidade que regem o Cosmo, há o princípio de dualidade universal: tudo que é material é não material, tudo que parece ser não é, o impermanente e o permanente, o manifesto e o imanifesto, o Criador Incriado, o bem e o mal, o feio e o belo. Em toda força centrípeta de atração há um ponto central, há uma força centrífuga de repulsão em igual correspondência que se afasta ou se desvia desse centro.

Sendo assim, existe uma força natural que empurra o princípio espiritual na sua ascese rumo à perfeição, rumo ao plano mental puro, onde os Espíritos angélicos se movimentam na imensidão cósmica. No movimento ascensional do Espírito, o seu livre-arbítrio pode ser a força centrífuga que o retém ou a força centrípeta que o liberta no determinismo do movimento progressivo, de destinação ao eu crístico.

As forças centrípeta e centrífuga aumentam ou diminuem conforme os pensamentos e os sentimentos. O destino dos insensatos, sintonizados com a força centrífuga de imantação do orbe, é pensar que breve e cheia de tédio é a vida, que ninguém regressa do Além. Assim como o rastro de uma nuvem se dissolve em vã neblina e os raios solares dissipam o efêmero orvalho matinal na grama, entendem que a existência não tem repetição, entregando-se à fugaz ilusão das "doces" sensações da carne. Entre folguedos, no meio de preciosos licores, se empanturram de comes e bebes, campeiam na luxúria e no sexo desvairado, inebriados que se encontram. Tudo querem ganhar: riqueza, elogios e projeção. Os bens materiais e a escravidão ao sensório são sua razão de viver. Ostentação, arrogância, convencimento, ira, vaidade e hipocrisia são os sinais dos perdedores e incrédulos.

Enredados nessa ilusão, impuros são os seus corações, insaciáveis os seus corpos e obscurecidas as suas mentes. Essas são as desgraças do orbe terrestre, que impedem a paz e o progresso e promovem a queda e a ruína. Vocês têm urgência de se coroarem, antes que a rosa da vida murche, perca o encanto e o perfume inebriante.

No outro extremo, temos a força centrípeta do eu divino, melhor amiga do homem, em constante combate com o ego humano, o seu pior inimigo. Os valores, os pensamentos e os sentimentos do Evangelho do Cristo são o mapa seguro da libertação: amando o próximo e perdoando. Nos homens que já sublimaram o ego e os sentimentos inferiores, há solidariedade, fraternidade para com os semelhantes, seus iguais. Agem corretamente, em harmonia com a lei, sem apego ao mundo ilusório da matéria, desinteressadamente, sem ódios, paixões ou veleidades. Vivem em ambiente de harmonia, de pureza, comendo e bebendo moderadamente. Controlam o corpo. A razão dobra as paixões, a língua maledicente e a mente rebelde. Mediante a contemplação do verdadeiro eu, espiritual, na serenidade da renúncia, encontram a paz dentro de si e prosseguem confiantes no jornadear, como luzes a brilhar, chamas crísticas no meio da escuridão.

Observações do médium

Logo depois de psicografar o texto anterior, ocorreu-me um desdobramento que deu continuidade a um outro, que eram projeções cognitivas a situações de vidas passadas. Entendo que isso ocorreu para que fique atento e desatrelado de qualquer concepção prévia ou clichê mental e para que o acesso a situações vivenciadas em outra vida possa ajudar-me no momento presente.

No primeiro desdobramento, vi-me de pé no alto de um local acima do nível do mar com outras pessoas, num dia límpido e de sol maravilhoso. Estávamos em círculo. Ao final da elevação, na qual nos encontrávamos, havia três blocos graníticos, pedras retangulares brancas; dois deles colocados em pé, no chão, com a base menor a apoiá-los, paralelamente, um de frente para o outro. Em cima desses dois, sustentava-se a terceira grande pedra retangular. Explicavam-nos que estaríamos participando de um ritual de iniciação, pois éramos noviços, encontrando-nos em preparação para os futuros aprendizados do primeiro grau de uma escola filosófica, baseada na escolástica pitagórica da Tétrada Sagrada – natureza tríplice do Universo e do homem coroada pela unidade divina, simbolizada pelos três grandes retângulos graníticos quadriláteros que se encontravam à frente. O sentido esotérico do trinário egípcio PTAH-GO-RA (Ptah = Deus; Gô

= Sabedoria; Ra = Sol) é: "aquele que conhece Deus tanto quanto o Sol".

No segundo desdobramento, um dia após a psicografia, "levaram-me" a um templo magnífico, hermético, onde participávamos de uma espécie de recepção aos aprendizes. À entrada daquele templo, que parecia com uma grande loja maçônica, mas livre do excessivo simbolismo, encontrava-se um grande triângulo esculpido em mármore na parede, acima do pórtico principal, ladeado por duas belas colunas ao estilo coríntio. Dentro desse triângulo havia algo escrito por Hermes Trismegisto relacionado com o mundo profano que ficava lá fora. Recordo-me nitidamente da grande biblioteca, com seus registros, papiros e alfarrábios, contendo todo o conhecimento iniciático do mundo até aquele momento da História: psicologia, cosmogonia, filosofia, numerologia, mistérios ocultos e evolução da alma, imortalidade e reencarnação, hermetismo e transmutação alquímica no Cosmo.

Após a visita àquela grande biblioteca, nos vimos em imenso salão que antecedia a entrada do templo principal, aguardando o grão-mestre daquela ordem iniciática, conhecedor máximo de todos os ensinamentos e da Lei de Amor. Logo apareceu um idoso venerável, de cabelos e barbas brancas, estatura mediana, em alva túnica reluzente, parecendo seda, a cair-lhe por todo o corpo. De sorriso aconchegante, transmitindo muita paz, me abraçou.

Naquele momento, senti no idoso, mestre daquele templo de estudos ocultos, todo o magnetismo de Ramatís, inconfundível nesta atual vida de curta convivência, por seu indescritível amor. Nossos pensamentos ficaram unos, e ele me disse: "Eu sei tudo que sentes e pensas. Tem confiança e fé! Estás só iniciando uma longa jornada. Amparar-te-ei em todos os momentos. Estuda, mantém os pensamentos elevados, a mente vigilante e aberta a tudo que te chegará, pois estaremos sempre em sintoma. O que estás acessando do passado, no agora, te é permitido saber por teu merecimento. Realiza a tua parte. Vai, retorna ao teu cadinho existencial, prossegue e confia no amparo".

Não consegui me situar nem me foi informada a data ou a localidade do passado presenciado. O certo que ficou é que Ramatís foi, em encarnação passada, o filósofo grego Pitágoras e fundador do belíssimo templo em que nos encontrávamos.

Lei de causa e efeito

Dentro da Lei de Causa e Efeito, quando o homem teve o mais tênue sinal de consciência, da sua condição de pensar e raciocinar, tornou-se responsável pelos seus próprios atos e consequências. As causas de suas mazelas começaram a implantar-se e a gerar os efeitos correlatos, encontrando-se até os dias atuais enredado no seu próprio carma, na correspondência justa para a harmonização de cada célula pensante, que é um microcosmo. O reequilíbrio de cada unidade é fator predisponente ao equilíbrio do Todo, do macrocosmo.

Aqui no Astral, vocês têm noção dos verdadeiros efeitos dos desatinos e dos erros cometidos, invisíveis quando do fato gerador. Agimos por compromisso com a evolução, espécie de ação de profilaxia, sobre vocês, ainda quando se encontram imersos na carne, os inspirando, intuindo e curando de males e de doenças, se tiverem merecimento, e para o despertar da fé. Assim procedemos, pois somente por meio da vitória sobre a matéria, da ruptura dos grilhões que os prendem ao ciclo das encarnações, da superação dos sentimentos egocêntricos que ainda vibram em seu íntimo, conseguirão ter uma vida correspondente no Astral, mais fraterna, feliz e solidária. Relembrando: tal desiderato é efeito primeiro de seus atos e suas ações na carne e só pode agravar-se ou atenuar-se por seus atos e suas ações, portanto, quando fora da carne, nunca se extinguirá.

LEI de Pemba

É importante deixar claro que a pemba, um tipo de giz especial para utilização ritualística, na verdade não tem nenhuma utilidade prática, podendo ser qualquer tipo de giz. O que se torna fundamental é o conhecimento cabalístico da entidade ou do médium que está realizando os sinais riscados. Esse amontoado de pembas por aí é só para confundir e para alguns incautos fazerem comércio em cima do grande desconhecimento da maioria dos ditos "iniciados" nas coisas ocultas. Os princípios iniciáticos dos pontos riscados, que ficaram indevidamente denominados entre os homens como "Lei de Pemba", quando corretamente manipulados, identificam: a vibração da entidade, o Orixá, a falange, a subfalange, a legião ou o agrupamento, o grau hierárquico, se é um Orixá menor, guia ou protetor, a vibração do astro regente, entre outras identificações necessárias para os trabalhos de magia.

LEI Maior Divina

A Lei Maior Divina, a Umbanda, é uma só. O que ocorre é que o dito movimento esotérico tenta resgatar um método de estudo que leve ao conhecimento mais profundo das coisas ocultas, não se preocupando em demasia com os ritos exteriores. Em verdade, esse movimento vem resgatar a Umbanda em seus princípios iniciáticos mais puros e antigos, tornando necessário um maior estudo dos médiuns. Caminha a nossa sagrada Umbanda para a unificação de sua ritualística. O grande desafio dos esotéricos é não afidalgar a Umbanda e não deixar que o conhecimento afaste os filhos da simplicidade que deve haver na caridade com os consulentes que demandam as portas dos terreiros e templos.

LIGAÇÃO cármica – Orixás e transe

O mito humanizado serve tão somente para o entendimento. Todavia, os Orixás têm ligação com as individualidades humanizadas pelo tipo predominante de energia formada pelas suas múltiplas vivências no orbe. É o que podemos denominar de "memória genética espiritual", que fica registrada no corpo astral (perispírito) e não se desfaz entre as encarnações. Assim, cada vez que um Espírito retorna à carne, determinados atributos e predisposições psicológicas se sobressairão ou serão refreados sob a influência de um determinado Orixá. É formada uma estreita ligação cármica com essas energias, que podemos entender como "Orixá de cabeça".

A manifestação cada vez maior da essência primordial de cada um, seja num transe anímico de um mito de Orixá (egrégoro) sem consciência ou num transe mediúnico, por ser um Espírito com mente extracorpórea, traz como resultado a evolução e o aperfeiçoamento das almas. Se o corpo melhora e torna-se saudável pela catarse pessoal com essas energias que se derramam sobre ele pela mediunidade, ou por ele mesmo por intermédio da alma (melhorando o agir e pensar pelo entendimento da mitologia e seus ensinamentos, propiciando uma melhor integração com relação ao meio, às outras pessoas e à sociedade e tornando o cidadão mais consciente e integrado em sua atual existência), não temos como classificar isso como prejudicial, independentemente da forma litúrgica ritualística que ocorrem os transes.

O objetivo dos seres humanos não é se sublimarem acima das dimensões que vivem e percebem. A eterna comunhão com o Divino está muito longe de ser da Terra e na Terra. Atuar nas dimensões onde é constituído, trazendo as energias elevadas e inalcançáveis para um patamar possível, como uma macieira frondosa que rebaixa os galhos para que as mãos famintas consigam alcançar as maçãs, sem conotação pecaminosa, propicia que as vibrações dos mundos rarefeitos sejam trabalhadas no sentido de melhora dos existentes no plano concreto. O que é prejudicial é a obtenção de vantagens pecuniárias e poderes mundanos, desvirtuando a mitologia dos Orixás e os objetivos elevados da vida humana. A exploração, o engodo e o desrespeito ao livre-arbítrio e aos merecimentos individuais praticados por muitos sacerdotes terrenos os arrastam junto com seus seguidores para as regiões abissais.

MAGIA – ação das organizações trevosas

O poder mental do Espírito se intensifica no universo astral. A mente dilatada por conhecimento, disciplina e concentração aprende rapidamente que o pensamento é capaz de ser criador. Ao impulso de poderoso mago negro, a matéria mental se movimenta, formando correntes vibratórias que atuam na manutenção de poderosos campos de forças. Assim, a cúpula dominadora das falanges do mal conserva, nas auras das personalidades que caem em seus domínios, permanente indução mental hipnotizadora.

É comum a todos os seres que dispõem de oscilações mentais próprias, em amplitude de onda e frequência com a matéria astralina altamente plástica, a criação de cenários que se tornam presídios daqueles que caem em seu campo de influência, que nada mais são que afinidades, inclinações, impulsos e simpatias de cada um levados ao extremo da loucura para produzir a dominação sem trégua. A uma simples vibração de seu ser, um mero pensamento, mesmo o mais secreto, vocês estabelecem imediata faixa vibratória de sintonia que provoca a imantação de outras mentes na mesma onda frequencial. Quando entenderem os processos de induções mentais coletivas, poderão aceitar em sua razão as turbas de Espíritos sofredores, dominados como se fossem robôs.

Ademais, o corpo astral, liberto do pesado corpo carnal, retorna à sua potencialidade sensitiva; todos os sentidos "pairam" sobre sua contextura sem a localização sensorial propiciada pelos órgãos físicos de outrora. É como se fossem ampliados todos os sentidos em um só, por todo o envoltório plástico que molda energeticamente a forma do corpo astral: os sexólatras só "enxergam" os órgãos genitais que buscam para o êxtase fugaz dos prazeres gigantescos e insaciáveis; os bêbados correm atrás dos canecos vivos e dos eflúvios do álcool; os glutões estão fixos nas mesas de finas iguarias e não cessam de correr atrás dos petiscos de carnes suculentas como cachorros raivosos; os viciados sorvem diuturnamente por todos os poros dos seus corpos fluídicos os princípios ativos eterizados das drogas da Terra.

Todos esses, escravizados e hipnotizados pelas poderosas induções mentais dos magos negros e seus psicólogos das trevas, servem de soldados robotizados, muitos com seus corpos astrais em forma de animais, faces equinas, orelhas de lobos, mãos em garras, pelos de ursos, entre outras hipnoses grupais que deterioram a morfologia original do corpo astral. Assim, controlados mentalmente, são separados por afinidades vibratórias, por eles mesmos gerados e que, paradoxalmente, os mantêm prisioneiros. Os sexólatras perseguirão os corpos etéricos e os restos fluídicos dos sensuais e libidinosos de outrora, os beberrões se verão quais limalhas de ferro em volta de potente imã alcoólico.

E ainda, por afinidades e pelo magnetismo denso que os afina aos corpos físicos em desintegração nas tumbas mortuárias e aos corpos etéricos, na maioria das vezes "colados" a eles, todos, em louca corrida no Além-túmulo, como personagens de uma apresentação teatral de homens travestidos em assustadoras peles de animais, servem de escolta para prender condenados por seus próprios atos insanos, como instrumentos de dominação do Astral Inferior. Os vitoriosos nas capturas dos corpos inferiores ferrenhamente disputados poderão sorver alguns restos fluídicos e saciar, provisoriamente, seus tormentos, método de meritocracia estabelecido nas sombras. Os que repetidas vezes tiverem bom desempenho vão gradativamente subindo na hierarquia desse exército dantesco.

MAGIA – captura do duplo etéreo

Não só é possível capturar o corpo etérico de um desencarnado como é "costumeiro" fazê-lo com os dos encarnados que dão ensejo a isso. Lembrem-se de que todos vocês "morrem" diariamente durante o sono físico. Quando estão em desprendimento noturno, em que normalmente deveriam descansar das mazelas do dia, muitos "correm" para os antros de sexo, bebidas e viciações em geral existentes na psicosfera da Terra. Se há colônias espirituais e entrepostos socorristas sob a égide da Espiritualidade Superior, também existem palácios e fortalezas das sombras na egrégora terrícola, alimentados pelas emanações mentais de grande parte da população encarnada.

Em persistente estágio nas zonas subcrostais enquanto dormem, inevitavelmente estabelecerão afinidades que não respeitarão seu livre-arbítrio. Quantos de vocês têm seus corpos etéricos prisioneiros durante o sono físico, como usinas vivas fornecedoras de ectoplasma? Há os que rotineiramente são esperados assim que dão o primeiro cochilo, para servirem de repastos vivos aos Espíritos que não detêm mais um corpo físico, mas que, "colados" no corpo astral do encarnado desdobrado, auferem todas as sensações como se encarnados estivessem. Embora projetados em locais do Astral Inferior, o laço mantido pelo cordão de prata com o corpo físico, que fica inerte em seu dormitório, faz com que participem fisicamente de todas as experiências de intenso prazer sensório, algo que é transmitido prontamente aos vampirizadores, saciando-os como se tivessem um corpo de carne.

Quanto ao corpo etérico dos desencarnados, livre do magnetismo animal do invólucro carnal e da ligação do cordão de prata, em condições normais deveria se desintegrar na natureza, voltando à Mãe Terra como bom filho que retorna a casa – mas nem sempre é o que ocorre. É certo que existem Espíritos que têm como tarefa zelar pelos corpos etéricos e físicos nas tumbas mortuárias, pois sendo a maioria de vocês tão presos na matéria, seus corpos etéricos ficam irremediavelmente unidos aos corpos físicos durante a decomposição cadavérica. Essa situação "anormal" após o desencarne, devido à imoralidade dos terrícolas e quando não há merecimento de cobertura espiritual das falanges zeladoras atuantes nos cemitérios, causa verdadeira corrida louca no Além-túmulo, quando hordas insaciáveis se dirigem velozes às moradas sepulcrais, disputando ferrenhamente os restos mortais, sugando-os com sofreguidão como restos de comida jogados entre animais ferozes e famintos. Ainda há as organizações especialistas na captura dos restos mortais, que impõem disciplina e mando no aprisionamento dos corpos etéricos que lhes servirão para calculados recursos do mal.

Agradeçam ao Alto o amparo da Espiritualidade no desligamento de seus corpos astrais após o desfalecimento geral das funções físicas. Técnicos, médicos e enfermeiros trabalham arduamente, dia após dia da Terra, assistindo e "salvando" milhões de "mortos" de ficarem grudados nos despojos carnais e sentirem a comichão dos vermes nas entranhas. O desligamento de centenas de milhares de seres que desencarnam diariamente no orbe terreno é um exemplo de amor universal, oculto, silencioso, ininterrupto, desde eras remotas em seu planeta, em que poderosas energias de bênçãos e perdão são derramadas por toda a humanidade, conduzidas por Maria de Nazaré do Astral Superior de seu planeta, auxiliando vibratoriamente por intermédio de potentes forças magnéticas que dão apoio a essas falanges socorristas.

MAGIA – produção fluídica do corpo etérico

Nos *Vedas* (livros ancestrais sagrados da Índia, em que se baseia o hinduísmo) está escrito que a organização espiritual precede a física. A energia que estrutura a organização física é indispensável e manipulada de forma inteligente, senão haveria o caos. O corpo etérico, como mediador entre o corpo astral e o corpo físico, serve como centro de produção fluídica, sendo uma cópia fiel do corpo físico. É o mediador entre os planos astral e físico. Quando "solto" do vaso carnal após o desencarne, tanto maior será o tempo requerido para sua desintegração pelo magnetismo planetário quanto maior tenha sido o apego material do Espírito que o animou. Quanto maiores os desregramentos, os vícios e a imoralidade, tanto mais valioso se torna para as organizações trevosas.

Esses duplos etéreos densificados, abundantes em fluidos pegajosos oriundos das sensações mais grosseiras propiciadas pelos desmandos dos homens, servem de potentes condensadores energéticos para os magos negros. Em processos próprios de manipulação magística, em que os Espíritos da Natureza lhes obedecem por comando mental, são potencializadas as energias desses corpos, distorcendo o processo natural de desintegração por meio de intenso magnetismo utilizado indevidamente, contrariando a natureza e as energias elementais dos quatro elementos planetários – ar, terra, água e fogo.

Com rituais próprios que servem para sua concentração mental, fixam os Espíritos da natureza no duplo como se fossem os sítios vibratórios de que são originários. Isso é algo que faz muito mal a esses irmãos da natureza, pois as vibrações contidas no artificial que está se formando, "humanizadas", se mostram extremamente deletérias para eles, por sua pureza vibratória. Veem-se hipnotizados e escravizados ao comando mental do mago negro, ao mesmo tempo dando "vida" ao artificial oriundo do antigo duplo etéreo, agora espécie de robô que intensifica, por afinidade, os fluidos enfermiços e a conduta desregrada dos encarnados que se encontram no seu raio de ação.

Em calculada análise psicológica dos encarnados que são alvo de sua ação funesta, identificam aqueles que são afins com os artificiais criados e, com acurada técnica de polarização de estímulo de memória, estabelecem uma ressonância de vida passada, que com impulso eletromagnético adequado atua na rede neuronal e na malha sináptica, advindo rapidamente quadro mórbido de acentuado transtorno psicológico. Feito isso, está aberta a condição vibratória para a sintonia com o artificial, que intensificará sobremaneira o desequilíbrio físico e espiritual.

MAGIA – vampirismo – ectoplasma

Nem toda energia vital pode ser interpretada como ectoplasma. Ainda que o laço fluídico, que é o cordão de prata – ligação magnética do corpo astral com o duplo etéreo e com o corpo físico –, esteja "cortado" após o desencarne, não é incomum o Espírito "sentir" em seu corpo astral, mesmo que adormecido em entreposto socorrista do Além, as sensações do fardo pesado que o alojou no seu estágio terreno. Considerem que o período que sucede ao desencarne de homens excessivamente apegados aos prazeres mundanos ou a alguns desligamentos traumáticos, como os acidentes automobilísticos, é acompanhado de intensa "cristalização" ou fixação mental do Espírito. Apesar de este estar desligado do vaso carnal que jaz no plano físico, perpetua as sensações e angústias, como se nada tivesse acontecido, sem ter noção da mudança de plano vibratório, tendo talvez a vaga impressão de que o corpo somático não faz mais parte da sua "nova" vida. Essa situação leva a uma ligação vibratória com o enredo *post mortem*, puramente psíquica, em que o dínamo gerador é a mente desequilibrada, ainda sintonizada com as energias vitais próprias da matéria que compunha a sua veste física.

Por um processo de repercussão vibratória, o recém-desencarnado se liga mentalmente com as "sensações" da desintegração do envoltório carnal enrijecido e putrefato, que se encontra submetido a uma espécie de força descondensadora, regida pela Mãe Natureza, que tudo modifica e nada deixa se perder. Assim, por intermédio dessa sintonia mental do desencarnado que se perpetua, o artificial preparado pela mente malévola de experimentado mago negro "suga" os restos de energia vital, inclusive do corpo etérico ainda pujante de denso ectoplasma, e que não se desintegra logo após o desenlace do Espírito, até podendo apresentar-se como um autômato, um cascão a vaguear chumbado na crosta por determinado tempo dessa dimensão.

Se tivessem olhos de ver do "lado de cá", poderiam observar as chusmas de Espíritos dementados, em total desalinho existencial, que vivem perdidos no tempo em cidadelas medievais plasmadas por seus pensamentos, se digladiando entre si pela captura dos corpos etéricos dos homens imorais, gulosos, concupiscentes, sexólatras e drogados. Intensifica-se tal cenário infernal quando as hábeis mãos dos engenheiros das sombras conseguem apropriar-se desses corpos temporários e densos, manipulando-os para seus intentos mais odiosos e nefastos. Desse modo, a pura tecnologia do Astral Inferior e o mal milenar da Terra se associam para causar doenças, discórdias, conflitos e sofrimento, criando terríveis artificiais que – embora devam inevitavelmente um dia se desintegrar pelo magnetismo planetário – têm suas energias vitais deletérias potencializadas, sendo utilizados em processos de imantação nos encarnados, levados a efeito por arquitetos das sombras. Os mais variados vícios do corpo e da alma são transmitidos assim entre os dois planos da vida, para causar dor àqueles encarnados que estão em mesma faixa sintônica, fria e calculadamente obsediados.

Essas ocorrências dantescas das vampirizações fluídicas das energias vitais podem se perpetuar no tempo, criando imantações simbióticas de difícil solução, qual parasita que não pode ser retirado das entranhas da planta que o aloja. Espírito/energia, como centelha provinda do Pai, do Todo Cósmico, eterno e imortal, se "alimenta" do infinito manancial energético existente no Universo.

Muitos Espíritos que fizeram escambo com o Além-túmulo quando encarnados, explorando os Espíritos da natureza, escravizando os irmãos sofredores do "lado de cá" em contratos com poderosos magos negros, hoje se encontram prisioneiros, em funesto sono, alojados em úmidas e malcheirosas cavernas do umbral inferior, sendo verdadeiras usinas vivas de fornecimento de energia para as organizações trevosas. Porém, imortais que são todos vocês, o manancial interminável de energia do Grande Arquiteto do Universo em tudo se apresenta imanente e os assiste na trajetória evolutiva, mesmo em situação tão deprimente como a desses irmãos aprisionados, até que cesse o pagamento do último ceitil das dívidas de outrora e o manto da caridade os encubra com suas falanges socorristas de resgate.

MAGIA da Umbanda

Um dos mistérios antigos da existência está simbolizado no número 3, que seria como se fosse um pêndulo girando, ora da direita para a esquerda, ora da esquerda para a direita, produzindo o equilíbrio e o movimento no Cosmo. É a Trindade Divina: Vida, Verbo e Luz – *Vita*, *Verbum* e *Lux* –, que, na simbologia da Cosmogênese, pode ser considerada como a trindade cristã: Pai, Filho e Espírito Santo. O Pai é a Vida, o poder e a força que rege todas as Leis de Causalidade no Infinito cósmico; é a vida em constante expansão, o movimento e a vibração que nunca cessam no Universo. O Filho é o Verbo, a palavra que sintetiza a forma, que estabelece os meios de manifestação da vida oriunda do Pai. O Espírito Santo é a Luz, não sendo nem substância, nem inteligência, mas, sim, o resultado da inteligência do Pai com a substância do Filho, sendo a Lei Maior Divina que regula a manifestação da forma nas diversas latitudes do Cosmo. Esse é o simbolismo do triângulo e da Cosmogênese Divina que já estiveram presentes no orbe terrícola em toda sua amplitude.

Segundo essa simbologia, todas as formas de manifestação da vida são provindas de um mesmo Pai, e um princípio espiritual é a Lei da Harmonia no Cosmo, o Hálito de Deus onipresente e não encarnante, expressado como Orixás Maiores, regulamentando a manifestação dos Espíritos na forma por meio das diversas densidades energéticas existentes no Cosmo. São os princípios espirituais que caracterizam a Magia Universal ou de Umbanda, a Senhora da Luz Velada, agindo do microcosmo ao macrocosmo, da bactéria ao anjo, do protozoário ao arcanjo, pela equanimidade das leis cósmicas em todas as faixas vibracionais do Cosmo. A matéria-prima da Criação é a energia muito bem manipulada pelos alquimistas, ou o fluido cósmico universal dos espiritualistas e espíritas estudiosos. Essa magia dos Orixás, movimento e vibração que rege a vida em todas as formas de manifestação, é oriunda da Consciência Cósmica, a mente do Pai, que Se sobrepõe a todos os demais Espíritos, cocriadores, pois o Criador é uno.

MAGIA do
magnetismo curador

Nessas operações espirituais de cura, magia do magnetismo curador, nos utilizamos de aparelhos polarizadores para novas técnicas ainda desconhecidas das mesas mediúnicas, por onde jorram luzes de cores variadas. A luz branca alivia as dores, acalma e neutraliza os miasmas; a vermelha auxilia nas trocas magnéticas, do positivo para o negativo e vice-versa, reequilibrando as polaridades no plano terrestre e anulando as células cancerosas; o verde, em seus diversos matizes, elimina os coágulos e evita as tromboses; o amarelo vibrante, tendendo ao alaranjado e dourado, higieniza o corpo astral e regulariza todas as cargas desequilibradas em suas polaridades, além de exterminar os miasmas e as imantações de feitiços. Na transmutação de todos os fluidos manipulados, seja os do médium, seja os da natureza, alguns provenientes de outros orbes e de outras estrelas do Infinito cósmico, está o violeta. Nessas manipulações cromáticas de cura, as nuanças são infinitas, proporcionais às escalas do Cosmo.

Em todas as ações da magia do magnetismo de cura está o imenso amor de Deus, a Divindade Suprema que a todos guia. Seu maior representante na aura terrícola, o Cristo-Jesus, trouxe exemplos grandiosos de cura. É inesquecível a cura definitiva de um leproso: Jesus se deslocava para Jerusalém quando dez leprosos vieram ao seu encontro e pediram compaixão ao Mestre. Jesus, ao vê-los, disse: "Ide apresentar-vos aos sacerdotes", e, no trajeto, os dez ficaram curados das chagas leprosas. Somente um, ao perceber que estava curado, voltou para agradecer a Jesus, e o Mestre lhe disse: "Levanta-te e vai, tua fé te curou".

MAGIA negativa – formas-pensamento, artificiais

É importante que vocês entendam o que são os artificiais, espécie de formas-pensamento densas oriundas das emanações mentais dos homens encarnados e desencarnados, devido aos extensos malefícios que causam. São criados continuamente, de forma inconsciente, pelos egos inferiores da grande massa da população da Terra, relacionados com os sentimentos de vaidade, ciúme, inveja, sensualismo, gula, entre tantos outros negativos. O acúmulo dessas formas astral-mentais deixa vocês "encobertos" por uma massa informe e viscosa, como se elas estivessem agregadas à própria aura, se "alimentando" continuamente do fulcro gerador (que é a mente), como se criassem vida própria, qual parasita que domina completamente a planta que o aloja.

Quando há o desligamento do artificial hospedado no invólucro carnal após a morte, os efeitos são intensos. O pensamento, que se apoderou da matéria plástica do Plano Astral, rebaixando-a vibratoriamente para uma densidade capaz de saciar as sensações de seu criador, fortaleceu-se a tal ponto que a sua desintegração não é imediata, em alguns casos demorando séculos. Ocorre que tais energias condensadas de baixas vibrações não ficam vagueando a esmo pela imensidão astral que envolve a Terra. Por sintonia, tendem a intensificar as ideias idênticas às que originalmente as criaram, e assim tais "entes" logo estarão imantados em outros homens, que os fortificarão ainda mais. A par disso, embora o artificial não tenha inteligência própria, é como se tivesse um desejo instintivo de perpetuar sua existência, reagindo com a força do seu próprio magnetismo, que tende a intensificar os pensamentos similares que encontra em seu raio espacial de ação. Como a maior parte dos pensamentos continuamente emitidos e que envolvem toda a aura do planeta é de baixa moralidade, dos mais sórdidos interesses, é possível concluir quão vasto terreno adubado se encontra à disposição dessas ervas daninhas – formas-pensamento denominadas artificiais.

Potencialmente mais nefastos que os artificiais que são criados inconscientemente são os artificiais potencializados conscientemente pela ação mágica dos magos feiticeiros líderes das organizações trevosas. Criaturas de gigantesco poder mental, conhecem profundamente as técnicas do pensamento para fortalecer os artificiais, por isso os utilizam em seus trabalhos como robôs, que levarão a efeito as mais terríveis tarefas. Podem guiá-los a distância, como se o artificial estivesse com toda a inteligência da mente malévola que o domina. Prolongam seguidamente suas existências, vampirizando a vitalidade dos encarnados nos processos obsessivos planejados pelos psicólogos das sombras. Outro processo que os mantém fortalecidos são as contínuas oferendas com sacrifícios de animais e derramamento de sangue quente, eivado de vitalidade nutritiva. Assim sendo, são perigosos e duram "infinitamente" se não forem destruídos por Espíritos benfeitores, que conhecem profundamente essas manipulações energéticas, propiciadas pela extrema plasticidade do Plano Astral.

A engenharia da magia negativa e de extremo poder na arte de criar artificiais para o mal vem desde os idos da velha Atlântida e, infelizmente, persiste até os dias atuais, em que enormes falanges de artificiais dominam completamente algumas agremiações terrenas. Muitas das manifestações mediúnicas que ocorrem nesses locais não são de Espíritos, e sim de artificiais teleguiados pelos inteligentes e ardilosos magos, sacerdotes do umbral inferior na arte mais negra que ainda existe no orbe terreno, pela similaridade de pensamentos desditosos com a população da crosta. Formando simbiose entre ela e as dimensões de vida do Plano Astral, é aleijão que gera imenso carma negativo, que só se atenuará com a justa imposição das futuras encarnações corretivas, que conduzirão ao inexorável crescimento moral das consciências envolvidas nessas ações hediondas.

MAGIA Universal e Orixás

Há uma magia universal que não contraria as Leis Naturais, atuando em todos os recantos, agindo nas partículas subatômicas ou etéricas, sendo a manifestação física como conhecem na matéria, a parte "visível" a vocês das Leis Reguladoras do Criador. Os Orixás, vibrações provindas das leis reguladoras da vida, estabelecem a compactação da energia cósmica e a mantêm coesa às faixas vibratórias do Cosmo, para os Espíritos em evolução se manifestarem na forma.

Tudo no Universo é vibração e energia, nas mais diversas formas de manifestação do Espírito. Vibrações são ondas, tendo comprimento e frequência que as distinguem. Existem forças sutis que mantêm a harmonia cósmica em todos os planos vibratórios. Os Orixás são essas forças sutis que podemos definir, grosseiramente, pela falta de correspondência no vocabulário terreno, como Princípios Espirituais ou energias não encarnantes e que não se manifestam mediunicamente. São agentes e veículos da magia universal, existentes nas sete grandes faixas vibratórias do Cosmo. Ao contrário dos elementais, que também poderemos definir como veículos da magia, são receptivos somente aos pensamentos para o bem, de maneira alguma estando associados ao mal, à feitiçaria e à magia negra.

Esses Princípios Espirituais e vibratórios do Cosmo, não encarnantes, são denominados na Umbanda de Orixás Maiores ou Ancestrais. São conhecidos das civilizações mais antigas do orbe terrestre e estão na sua maioria presentes nos alfabetos mais antigos, como no sânscrito ou na Língua dos Deuses – *devanágari*.

Aqui não serão aprofundados os conceitos do esoterismo umbandista, no entanto, para seu entendimento, poderemos dizer que esses Orixás dão sustentação à vida e ao equilíbrio planetário, regulamentando as energias ou forças telúricas, ígneas, eólicas e hídricas presentes no Plano Astral em forma sutil e materializadas no plano físico em relação com os quatro elementos, que são a terra, o fogo, o ar e a água.

MEDIUNIDADE – atendimento aos desencarnados

A disciplina e a educação do pensamento, esse corcel alado, selvagem e anárquico, se impõe, urge! A mediunidade é oportunidade inadiável, é um chamamento ao aperfeiçoamento anímico consciencial. Enquanto presos no invólucro carnal, vocês têm a chance celestial de ressarcimento e estabilização das forças contrárias reguladoras da balança cármica, intensificadas em decorrência das dificuldades inerentes à vida material. Observem o dever de atuação na caridade, direcionando essa potencialidade para o bem de todos ao seu redor, e eduquem os sentimentos, expurgando a nódoa do egoísmo que marca o seu perispírito, incompatível com o homem contemporâneo, com o carma coletivo e com a idade sideral do orbe terráqueo.

Não se pode mais esperar. Os tempos são chegados! A Nova Era, que se avizinha, requer maior altruísmo. Realçamos o egoísmo, pois antecede a todos os outros sentimentos negativos, uma vez que dele derivam o orgulho, a vaidade, a luxúria, a inveja, a cobiça, a covardia, entre tantos outros, que poderíamos enumerar, mas nos tornaríamos assaz maçantes.

Nos atendimentos aos desencarnados, constata-se que em muito poderia ter sido minimizada a gravidade dos casos se esses irmãos, quando mergulhados no oceano grosseiro da matéria, tivessem se preocupado com a vida do "lado de cá". Nesses casos, têm fundamental influência a disciplina e a educação das mentes dos médiuns, que serão as molas propulsoras da reeducação daqueles Espíritos mais recalcitrantes e empedernidos. É o preparo inicial para a nova encarnação.

Há os drogados, que pintavam, compunham músicas ou escreviam poesias nas viagens alucinógenas e que aqui estão num quadro interminável de compulsividade. Há os assassinados em conjunto nos triângulos amorosos possessivos, que procuram intermitentemente rever suas amadas ou vingar-se, dementados e fixos que estão no quadro mental que se formou na hora do desencarne. Existem os vigários que não entendem por que não veem os anjos e os santos lhes devotarem festividades na sua entrada ao céu paradisíaco, se exaltando assim com todos e querendo voltar às facilidades e aos mimos dos seus paroquianos fiéis. Todos, impreterivelmente, a par da misericórdia do Altíssimo e, como numa reaprendizagem corretiva, levados ao esclarecimento e à conscientização, se farão acompanhantes dos medianeiros, trabalhadores do cristianismo puro. Com a convivência e exposição aos fluidos mais densos, por intermédio da disciplina e imposição da vontade do médium sobre as suas, se educarão, podendo continuar suas caminhadas evolutivas no local do Astral que esteja em sintonia com suas afinidades e densidades perispirituais.

Os drogados só poderão pintar, compor ou declamar poemas quando a instrumentação mediúnica der passividade, em local e horário adrede programados. O assassinado vingativo, em busca da amada, escutará do doutrinador as explicações cabíveis de acordo com seu nível de discernimento. O vigário verá que não existe céu como concebe e, por meio da observação do assédio diário dos seus análogos que pulsa ao redor do médium, compreenderá a verdadeira vida espiritual e retirará o véu que lhe cobre os olhos. Todos esses recursos aplicados fazem parte da psicoterapia divina de que o Evangelho do Cristo é a viga mestra.

Médiuns, identifiquem costumeiramente quem os acompanha e tenham muito amor por esses irmãos doentes. Somente por intermédio dos fluidos animalizados, do empréstimo de um corpo, da demonstração e da retidão de suas condutas que esses sofredores se convencem e decidem mudar, melhorar e continuar a galgar os degraus da escada de Jacó, rumo a Deus, ao Cristo, à verdadeira vida.

Jesus, concisa e precisamente, definiu as grandes dificuldades que a civilização humana teria para vencer e superar o egoísmo quando instituiu a necessidade de amar ao próximo como a si mesmo. Psicoterapeuta divino, sabia ser esta a máxima possibilidade de expressão de amor do terrícola. O mestre amava a Deus acima de todas as coisas e aos homens mais do que a si mesmo. Exemplificou na renúncia total, em prol da humanidade, pelo calvário a que se expôs, culminando com sua crucificação.

MEDIUNIDADE de tarefa

O Espírito pede perdão e uma nova oportunidade de ressarcimento aos mentores, os "mestres cármicos", responsáveis pela programática reencarnatória. Está ávido, tem pressa, perdeu muito tempo, já podia estar em outro nível evolutivo, nos planos em que a felicidade e a fraternidade são uma realidade perene.

Quanta justiça, quanta benevolência há na Espiritualidade! A ele será concedida a dádiva da mediunidade de tarefa, hipersensibilizando-se o perispírito desse reencarnante, que já possuía conquistas anímicas suficientes para vivenciar a nova missão que se delineia. O mais novo obreiro da Seara do Cristo chora, agradece comovido e promete, com todas as suas forças, cumprir tudo que se comprometeu quando novamente estiver jungido a outro corpo físico. Escolhem-se os próximos genitores, está traçado todo o planejamento reencarnatório. A rede de relacionamentos no mundo da matéria está prevista, respeitando e deixando espaço para a movimentação do livre-arbítrio do reencarnante, pois não se trata de incursão expiatória.

São eleitos os Espíritos que serão seus protetores, desde o momento conceptivo, após o conluio carnal dos genitores definidos, até o desligamento perispiritual do equipo físico, quando do retorno desse viajante à sua base. Os Espíritos que o acompanharão nas futuras tarefas da caridade aceitam o encargo com muito amor e carinho. Alguns ainda têm comprometimentos de vidas passadas com o reencarnante, outros não, mas o assistirão em atividades mais específicas, no exercício de suas futuras faculdades mediúnicas.

NORMAS de culto ditadas pelo Caboclo das Sete Encruzilhadas

Ao contrário do que muitos pensam, a diversidade do universo umbandista permite um mínimo de unidade doutrinária, de ritos, usos e costumes uniformes que caracterizam a maioria das práticas umbandistas. Pode-se afirmar, sem exclusões traumáticas, que isso ocorre ao natural na maior parte dos centros por este Brasil afora, cada dia se fortalecendo mais, desde o advento histórico de sua anunciação em 1908. As normas do culto umbandista ditadas pelo Caboclo das Sete Encruzilhadas, de certa maneira, "uniformizam" a essência umbandista, ou seja, praticar a caridade. Todavia, como é de sua índole espiritual, o Caboclo procedeu sem impor ritos ou codificações que engessariam a Umbanda em sua saudável diversidade.

OBSESSÃO entre vivos – encarnado para encarnado

A tipologia dos assédios entre encarnados fora do corpo físico é ampla e costumeira, ocorrendo todas as noites durante o sono físico em grande parte dos cidadãos. O encarnado adormecido assume "personalidade" que o liga, pelos laços inconscientes do passado, aos seus automatismos comportamentais e aos liames imorais contra outros encarnados. As obsessões entre encarnados, ordinariamente, demonstram que, muitas vezes, não basta a aparência social perante a coletividade se o ente não interiorizou o comportamento evangélico nos recônditos da alma.

Por outro lado, em médiuns que não aprofundaram o processo de autoconhecimento, esses ataques psíquicos se mostram mais temíveis, pois existem hordas de Espíritos desocupados no Além-túmulo ávidos de prestar serviços desditosos para aparelhos deseducados, aos quais se vinculam como se invadissem uma construção abandonada.

Dessa forma, os pensamentos de ódio, concupiscência, ciúme, inveja, quando conjugados com o ato de vontade do medianeiro, estabelecem condições mentais para a atuação no desprendimento em corpo astral, que imediatamente se projeta ao objetivo estabelecido pela mente do sensitivo. Isso feito, os desejos irrompidos de vingança, sexo, comida e bebidas são facilmente realizados por meio dos "sonhos" realísticos dos cidadãos: a vizinha sensual se torna dócil presa, o chefe déspota do escritório é sadicamente estrangulado, as drogas, bebidas e finas iguarias sobram em mesas bem-postas, a colega concorrente à promoção é enforcada, o carro novo do cunhado é todo amassado, e assim, sucessivamente, vão os homens dando vazão aos seus sentimentos represados pela capa hipócrita de que se vestem nas suas vidas diárias.

OBSESSÕES e
ressonâncias do passado

Sem dúvida, as reverberações do inconsciente para o consciente existencial do Espírito influenciam seus automatismos de comportamento no corpo físico e, mais intensamente, fora dessa vestimenta grosseira. Um exemplo é o de um pai que assedia a filha durante o sono para concretização de intercurso sexual, sendo que em existência pregressa foram amantes, aflorando a atração do atual progenitor, sem causa aparente, na adolescência da jovem. Outro, o caso de mulher que foi feiticeira vodu na América Central e hoje é pobre negra da periferia urbana, saindo à noite do corpo físico e assumindo a personalidade da poderosa sacerdotisa de outrora, atacando seus inimigos encarnados do presente como se fossem bonequinhos espetados com agulhas.

O presente e o passado se misturam. A mente, liberta das grades retificativas do corpo físico, se amotina, assumindo comportamento rebelde em corpo astral. No atavismo que é próprio aos homens, podem verificar que o ser é único, atemporal. As reminiscências latejantes do passado, quando não amainadas pela profunda mudança do Espírito transformado moralmente pela conduta evangélica, estabelecem fortes injunções que acabam se transformando em ações, no vasto território do psiquismo, que derrubam as muralhas impostas no presente, buscando as satisfações dos desejos irrefreados.

OBSESSÕES em desdobramento espiritual

A mente é potente dínamo, e os pensamentos são energia, formando matéria etéreo-astral. Além dos encarnados fora do corpo físico e dos desencarnados, não se esqueçam das formas-pensamento que pairam na crosta planetária, todos compondo a orquestra das fraquezas psicológicas: frustrações, medos, traumas, contrariedades, insânias, irritações e o maior dos adubos que fortalecem as movimentações dos seres, que é a busca dos gozos sensórios.

Embora a grande massa da população não domine conscientemente as saídas do corpo físico, isso não quer dizer que não efetuem excursões em desdobramento. Por esse motivo, o acesso ao conhecimento antigamente era classificado em graus iniciáticos nas fraternidades fechadas. Os ocultistas do passado exigiam provas da capacidade moral e do entendimento das lições recebidas pelo futuro adepto, no transcurso do seu aprendizado como neófito. Os magos brancos avaliavam a educação dentro das leis de causa e efeito antes de revelarem os segredos ocultos no vasto campo fenomênico do mundo astral e dos desdobramentos dos corpos inferiores. Sabiam que descortinado o véu para o profano despreparado moralmente, corriam o risco de o instrumentar para os desmandos por sua incapacidade de educação dos sentimentos. Impunha-se conhecer profundamente o perfil psicológico dos futuros viajores astrais, aprendizes da magia cósmica. Na atualidade, a informação se adquire em cursos e simpósios de fim de semana regiamente remunerados, em que os instrutores não avaliam nem se preocupam com as ferramentas que estão passando, muito menos com a continuidade da assistência, como faziam os gurus de outrora, dedicados ao áspero labor de preparo moral e psicológico dos neófitos.

Compreendam que a segurança somente é encontrada com vigilância mental, bons sentimentos e Evangelho praticado. Ademais, essas incursões entre encarnados que se visitam na crosta durante o desprendimento natural imposto pelo sono físico são a primeira porta para a entrada nas regiões umbralinas inferiores, sendo que, no mais das vezes, são os habitantes da superfície planetária que obsediam os viventes das cidadelas da subcrosta. Assim, vocês são arrastados qual folha ao vento para paragens que os satisfarão na busca desenfreada dos gozos carnais. A facilidade com que entram nesses antros de perdição sensorial animalesca é inversamente proporcional à dificuldade que encontram para se desligarem dos companheiros das sombras, que tudo farão para não perderem seus preciosos repastos vivos.

OFERENDAS e presentes

O homem procura subverter a vontade dos deuses, agradando-os, entregando-lhes oferendas: presentes, manjares, animais mortos e até o sacrifício do próprio homem, seu irmão, para apaziguar a ira desses deuses e como oferecimento para obter a dádiva dos céus. Sua ideação de Divindade é incompleta e limitada. Não consegue interiorizar-se e buscar dentro de si a chama de Deus que está apagada. Assim se fez na História, nos diversos ritos pagãos que se formaram e em todo início de sentimento religioso: o princípio espiritual retido na carne, preso ao mundo da forma material, buscando voltar ao seio da Divindade, mas com uma ideação e ação individualistas, centradas no ego mais primário. Ocorreu em outros orbes e na Terra, sendo as leis cósmicas únicas a viger na amplidão universal.

Chega, num momento propício da programação evolutiva do terrícola, o Divino Mestre Jesus com sua missão libertadora. Esclarece o reino do Pai, diz que há muitas moradas, que ninguém pode conhecer o seu reino se não nascer de novo, descortinando os ensinamentos do Cristo para iluminação dos homens-Espírito. Tendo Jesus cumprido sua missão de maneira irretocável, prossegue o cristianismo vigente, puro, como chama divina e crística a iluminar as consciências. Sustenta-se numa mensagem universalista, de amor, em que um Deus único, de compreensão, de solidariedade, serve de alento e conforto a todos, mas encontra receptividade maior nos miseráveis, nos pobres, nos doentes e nos excluídos do poder da época. Nesse meio, encontra naturalmente o solo fértil e propício à propagação das ideias e do socorro que jorrava do Alto, das esferas siderais.

ORIXÁS – momento cármico

O próprio movimento de Umbanda na sua atualidade é um bom exemplo. A maioria das manifestações mediúnicas, visíveis aos olhos dos filhos pela chamada mecânica de incorporação, se dá pelas falanges de Ogum e Xangô. Disso se conclui que a coletividade consciencial ligada ao mediunismo da Umbanda se rege ainda por esses dois Orixás em sua forma manifestada. Isso quer dizer que os filhos ainda estão enfrentando grandes demandas internas e que estão em busca da justiça e do reequilíbrio cármico.

Como em sua maioria os médiuns de Umbanda são ativos em relação à magia, ou seja, muito se utilizaram de recursos magísticos em proveito próprio em existências passadas, agora se encontram no caminho do reajustamento cármico, tendo de fazer a caridade e propiciar a cura para muitos, maneira justa de reaverem o reequilíbrio com a Lei, situação que gera grande demanda com os parceiros de outrora, inimigos e desafetos de hoje, sejam encarnados ou desencarnados. Logo, as vibrações dos Orixás Ogum e Xangô ditam os "vetores" vibratórios que se destacam na maioria dos filhos envolvidos com a mediunidade no movimento umbandista. Tal situação, sob certo aspecto, demonstra o carma dessa nação, chamada Brasil, pela abrangência da Umbanda nessa pátria, que está de acordo com a própria formação racial e cultural de seu povo.

ORIXÁS – vibrações cósmicas

Orixás são vibrações cósmicas. As forças sutis que propiciam a manifestação da vida em todo o Universo têm a influência dos Orixás, como se fosse o próprio hálito de Deus. Por isso se diz que a própria natureza manifesta na Terra, por intermédio dos elementos do fogo, da água, da terra e do ar, é a concretização das vibrações dos Orixás aos homens, embora não seja em si essas energias, mas emanada deles, dos Orixás. É preciso compreender que existem vários planos vibratórios no Cosmo e que Deus, em sua benevolência e seu infinito amor, em todos se manifesta pelas vibrações próprias a cada dimensão. É como se os Orixás fossem regentes ou senhores das energias em cada Universo dimensional manifestado, mas não as próprias energias.

Neste momento, almejamos trazer esclarecimentos os mais simples possíveis, visto que o senso comum não dá saltos. É por causa do misterioso, do "inatingível" para a maioria, que se criaram tantas desavenças e discórdias na história espiritual e religiosa dos homens. Respeitamos todas as formas de entendimento disponíveis sobre os Orixás, mas não podemos concordar com as personalidades agressivas, volúveis, sensuais e vingativas, assim como com as histórias humanas de paixão e dor, tragédias e desavenças, de assassinatos e traições que foram utilizadas pela tradição oral de transmissão de conhecimento dos cultos africanistas mais remotos e que para muitos definem o que sejam os Orixás até os dias atuais. Sabemos que existem traços comportamentais e psíquicos em comum que se formaram ao longo do tempo no inconsciente dos homens e que podem simbolizar essas vibrações cósmicas enquanto manifestas na vida humana, pois em todos os filhos estão as potencialidades dos Orixás e os planos de vida do Criador, uma vez que nos é destinado o retorno a esse Todo, pois somos unidades provindas desse manancial absoluto no Universo, que é Deus.

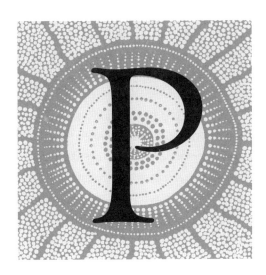

PALESTRAS e pedidos de ajuda

A maioria das pessoas que comparece à sessão de caridade num terreiro de Umbanda está com algum transtorno ou algo que as incomode. Uma minoria vai com regularidade somente por gostar e não apresenta nenhum sofrimento aparente. Raríssimos são os que assistem à palestra e não querem receber o passe por se sentirem bem. Como o médium passista doa fluidos e, de regra, nunca recebe de nenhum consulente, se formos raciocinar com profundidade, concluiríamos que o passe deveria ser somente para aqueles que realmente estão precisando. Existe essa cultura "papa-passe". Se fôssemos deixar o portão do terreiro aberto, muitos compareceriam só na hora do passe e iriam embora. "Essa coisa de palestra é muita chata", pensam. Por que será que em outras religiões, como, por exemplo, nas missas católicas, os presentes só recebem a hóstia depois das preleções e da eucaristia e ninguém chega na última hora? Pensemos que talvez caridade deva ter hora certa para início e término, não sendo o assistencialismo que vulgariza as sessões.

A Umbanda ainda é um saco de todos os gatos, por isso, se não colocarmos ordem e disciplina nos ritos, uma hora o saco vai rasgar, referindo-se aos que ficam nos botecos bebendo e jogando sinuca ou em casa vendo a novela, tomando a cervejinha com o bife acebolado e saem correndo em cima da hora para não perderem o passe no terreiro camarada. O saco rasgado é o médium extenuado que é sugado até a última gota de seu fluido e ainda deixam sobre ele um monturo astral, peias magnéticas, larvas astrais, vibriões, enfim, toda sorte de energias negativas despejadas juntamente com lamúrias, choros e pedidos de ajuda os mais diversos.

PAR com os Orixás – Exu

São muitos os Espíritos que trabalham nas vibrações de Exu, nas várias dimensões cósmicas. No Universo, tudo é energia, e na Umbanda não é diferente: tudo se transforma para o equilíbrio, gerando harmonia. Por essa razão, é preciso entender as correspondências vibracionais dos quatro elementos planetários – ar, terra, fogo e água –, relacionando-os com cada um dos Orixás, regentes maiores das energias cósmicas, aprofundando a compreensão da magia específica de cada Exu. Os Exus atuam, segundo determinadas peculiaridades, nos sítios vibracionais da natureza, fazendo par com os Orixás, pois o eletromagnetismo do orbe é dual: positivo e negativo. O Uno, o Eterno, o Incriado, Zambi ou Olurum (um mesmo nome que representa a Unidade Cósmica) é "energia" e precisa se rebaixar para chegar aos planos vibratórios mais densos, como a Terra. O Uno é dividido, tornando-se dual, tendo duas polaridades, onde existe a forma, o Universo manifestado na matéria, interpenetrado com o fluido cósmico universal.

PÁSSARO na janela – a alma

Uma médium perguntou:

– Escutei um pássaro chilreando na janela de minha casa em um dia ensolarado, mas quando me virei para vê-lo, não estava mais lá. Como posso interpretar isso?

Ramatís responde:

– O pássaro que canta na janela demonstra à alma que o escuta que ela já está encontrando seu eixo central na realização espiritual. Rompe as paredes da ilusória pessoa formada na reencarnação, movida pelos anseios de seu passarinho interno – seu espírito –, que ressoa de dentro para fora, indicando os caminhos que deve seguir, em sua busca pela libertação da prisão de si mesmo. O pássaro não estava mais lá porque voou, pois é livre em suas escolhas e em seu plantio, assim como a centelha espiritual, sendo a colheita obrigatória. O pássaro voa livre, quando a compreensão de sua finalidade existencial expande a consciência e supera a gaiola de si mesmo. Tal estado de espírito não significa libertação, e sim que os passos estão indo na direção que a alma precisa, conscientizada do que tem de plantar para a boa safra.

– Logo após, vi duas belas corujas em um mesmo galho de árvore, em frente à janela de casa, o que é raro, pois a cidade não é seu hábitat natural. O que estão me dizendo?

– O hábitat natural do Espírito não é o físico. As corujas mostram que mesmo o dia ensolarado na vida, de sensação de autorrealização e inefável bem-estar, não será perene, pois a perenidade espiritual não é da Terra: de cada 24 horas, uma metade é noite e a outra metade é dia. Assim, os desafios se repetem diariamente, por isso deve estar sempre atenta, como o olhar das corujas estão. A coruja na árvore já enxerga os seres rastejantes no solo, todavia, deve alçar voo para se alimentar deles. Simbolicamente, esse pássaro caçador indica sua compreensão espiritual, em que a clarividência e a intuição alcançadas não devem servir para distanciá-la dos que ainda não conseguem levantar os olhos para cima e rastejam na vertical das coisas profanas. O sagrado que desperta em seu coração deve aproximá-la dos "pequenos" seres, como mãe dadivosa que a todos acolhe amorosamente.

— Por que duas corujas juntas, dado que são caçadoras solitárias?

— Uma coruja é o intelecto, e a outra, a intuição. O intelecto descreve as experiências da alma; a intuição interpreta o que foi descrito. Devem andar juntas, uma não se sobressaindo à outra. O intelecto, alimentado pelo esforço do estudo, amplia a razão e dá insumos para a intuição aproveitar o conhecimento, necessário a uma filha do Orixá Oxóssi, destinada a ser instrumento para o caçador das almas trabalhar. Se a intuição falha, o intelecto racionaliza, aliviando as constrições internas. Se o intelecto se acelera, a distonia psíquica causada se alivia com o bem-estar intuitivo ocasionado pelo trabalho pé no chão do terreiro. Outro aspecto: tem muito amparo espiritual e bons companheiros que estão juntos. Lembre-se de que duas corujas são quatro olhos a olhar por você.

— Como devo proceder para alimentar e manter o pássaro livre e as corujas no galho de minha árvore?

— Humildade, muita humildade e amor, muito amor. Ame sua vida, seu lar, cada pedacinho do solo em que seus pés pisam, ao suportar seu Espírito, em suas andanças terrenas. Ame a si mesma e cada centímetro de seu saudável corpo, sem culpa de nada, e expanda esse amor para todos os filhos de seu coração. No êxtase da intuição espiritual ou no ranger de dentes das dores da alma que virão, mantenha a serenidade. Não vibre em excesso na euforia da conquista, nem se deixe entristecer pelas derrotas que ocorrerão. É entre um estado e outro que o Espírito que almeja conquistar a si mesmo se conduz, mantendo o pássaro livre e a clarividência das corujas a indicar os voos do pássaro da alma em solo terreno.

PASSES de
limpeza energética

Mesmo após a defumação do templo e das palestras que elevam o psiquismo dos presentes, facilitando a liberação de suas energias negativas, culminando com ritual de fogo, antes da abertura da sessão propriamente dita, o que é um potente elemento desintegrador de miasmas e vibrações pesadas, os consulentes entram para os passes e consultas ensimesmados, com ideias fixas, presos às suas dores e queixas e, consequentemente, imantados aos obsessores diretos ou indiretos, como são os Espíritos desencarnados que se fixam nos chacras com a finalidade de haurir suas energias animais.

Durante os passes e as consultas, ocorre grande movimentação astral, e dentro do merecimento de cada um, são afastados obsessores, desmanchados campos de força oriundos de magia negativa, "mau-olhado", quebranto e uma infinidade de resíduos energéticos gerados pelos chacras desequilibrados que estão colados em torno do duplo etéreo dos atendidos e que, literalmente, parecem um ar-condicionado com o filtro sujo e entupido que fica limpo e recondicionado após o atendimento.

PERMISSÃO aos ataques nos cemitérios

Os ataques aos sepulcros são permitidos pelo fato de os atacados não terem o merecimento de defesa. Foram Espíritos exploradores enquanto estavam "vivos" na crosta. São ex-pais de santos insanos que mataram milhares de animais, escravizando hordas de Espíritos com o escambo fluídico que os deixaram dependentes como viciados. Cessadas as oferendas sangrentas, revoltam-se contra o senhor escravizante que, agora fora do "paletó de carne", os capturava nos muros e nas portas dos cemitérios. Invadem a morada do Além-túmulo em igualdade de insanidade e aprisionam o Espírito recém-desencarnado, jogando-se como lobos vorazes sobre os restos do duplo etéreo (cascão astral "colado" nos despojos carnais do responsável por fazê-los sentir nas entranhas as agulhadas vampirizadoras).

Outros há que foram vendedores de drogas a jovens rapazes, incitando-os a roubar suas famílias para diminuir a ânsia da abstinência gerada pela viciação. Estes não são diferentes dos aliciadores de menores, que os obrigam a cometer centenas e centenas de abortos por puro prazer sensório.

Nada se modifica de uma hora para outra no grande teatro da existência. Alteram-se os cenários, trocam-se as roupas, mas o enredo que enovela as almas permanece inalterado até que elas mesmas aprendam a desatar os nós que deram.

PÉROLA – a sagrada mediunidade

Precisamos pensar como surgiu na Umbanda a vinculação com sua essência: fazer a caridade. Sem dúvida, a ligação da Umbanda com Jesus e com a caridade desinteressada foi instituída pelo Caboclo das Sete Encruzilhadas, por intermédio da mediunidade cristalina de Zélio de Moraes. Há de se refletir sobre o fato de este canal mediúnico (Zélio), desobstruído, natural, simples, não ter tido nenhuma iniciação na Terra, não ter feito raspagens e nunca ter precisado de sangue ou corte ritualístico para reforçar seu tônus mediúnico. A iniciação foi dispensada pelo Caboclo das Sete Encruzilhadas, que preparou seu médium em muitas encarnações, antes da atual personalidade ocupada.

Está claro que os guias que estão conosco não precisam desse elemento para vibrar em nossas cabeças, em nossos chacras coronários, em nossas glândulas pineais. Imaginemos as repercussões nefastas na mediunidade de um dirigente de Umbanda que coloca sangue em sua cabeça. Pode continuar fazendo a caridade, mas com certeza não é mais livre em sua mediunidade, e outras entidades ocupam a frente de sua sensibilidade. Tentem romper com o ciclo de oferendas repositórias para ver o que acontecerá com o tônus vital depois de haverem raspado a cabeça em um bori.

Por que será que um "Orixá" precisa de um elemento vital como o sangue para se fixar em um médium e não abre mão disso? Qual a intenção oculta dessa troca obrigatória? Pensemos: reduzir a movimentação energética – axé e seu ciclo retrovitalizador –, que fortalece os aparelhos mediúnicos, ao derramamento de sangue pelo corte sacrificial é uma visão estreita e fetichista do sagrado, é uma posição reducionista que demonstra dependência psicológica dos médiuns, dos dirigentes e dos Espíritos do "lado de lá", que vivem na crosta e precisam se alimentar fluidicamente, para não enfraquecerem. Dessa forma, pegam uma parte etérea dessas oferendas para si, e o restante movimentam em favor daqueles que as ofertam. Nada de caridade, é tudo troca.

Na atualidade, verifica-se que essa "práxis" extrapolou os limites de fé dos antigos clãs tribais e está inserida na variedade racial da sociedade, ao mesmo tempo confrontando-a, visto que objetiva a manutenção financeira de cultos religiosos e o prestígio de seus chefes, dado que o sangue equivocadamente está ligado à força, ao poder, à resolução de problemas e à abertura dos caminhos. Saber manipulá-lo, ter cabeça feita, ser iniciado no santo simboliza esse poder. Esse apelo mágico divino atrai mais que retrai, pelo natural imediatismo das pessoas em resolver seus problemas.

Precisamos ter consciência de que o próprio aparelho mediúnico é o maior e mais importante vitalizador do ciclo de movimentação das forças cósmicas ou axé. A cada batida de seu coração, o sangue circula em todo o seu corpo denso, repercutindo energeticamente nos corpos mais sutis e volatilizando-se no plano etéreo. Dessa forma, os Espíritos mentores, que não produzem essas energias mais densas e telúricas, valem-se de seus médiuns, que fornecem a vitalidade necessária aos trabalhos caritativos aos necessitados. Há os Espíritos que são serviçais, diante dessas trocas, e escravos desses fluidos. São dignos de nosso amor, amparo e esclarecimento.

Quais seriam os motivos da popularização entre dirigentes e médiuns umbandistas do hábito de fazer iniciações em outros cultos? No caso em questão, seria para reforçar o tônus fluídico e mediúnico do dirigente. Será que fazendo o corte ritual, no alto do crânio, assentando o "Orixá", o médium terá uma mediunidade mais forte e conseguirá maior vitalidade e saúde? Com certeza não. Infelizmente, cada vez mais se verificam terreiros que se rendem ao apelo mágico desse tipo de iniciação, introduzindo raspagens, camarinhas, cortes ritualísticos. Que "umbanda" é essa?

Nunca é demais relembrar o Caboclo das Sete Encruzilhadas. A manifestação mediúnica cristalina, inequívoca, em um jovem de 17 anos. Quem tem mediunidade, quem tem coroa para trabalhar, vem com ela antes de encarnar, não precisa pagar para ninguém firmar seu santo, assentá-lo em sua glândula pineal, com sacrifício animal e sangue.

Mediunidade é dom de Deus, de Olorum, dos Orixás. Preservemos nossa pérola mais oculta, a sagrada mediunidade, na Divina Luz. Louvemos nossa amada Umbanda, a força que nos dá a vida, e não que a tira.

PLANOS ocultos – mensageiro

Liberando o panteão africanista das lendas antropomorfas recheadas de símbolos e arquétipos do inconsciente coletivo, reforçados oralmente pelos sacerdotes tribais ao longo das gerações (maneira inteligente de fixar conhecimentos que de outra forma desapareceriam), conclui-se que Exu é um aspecto do Divino que tudo sabe, para o qual não há segredos. A vibração de Exu, indiferenciada, atua em todas as latitudes do Cosmo, não fazendo distinção de ninguém, tendo um caráter transformador, promovendo mudanças justas necessárias para o equilíbrio na balança cármica de cada Espírito. Lembrem-se de que, antes da calmaria, a tempestade rega a terra, refresca e traz vitalidade, ao mesmo tempo em que constrói, desfaz ribanceiras e quebra árvores com raios do céu.

Exu é o princípio do movimento, aquele que tudo transforma, que não respeita limites, pois atua no ilimitado, liberto da temporalidade humana e da transitoriedade da matéria, interferindo em todos os entrecruzamentos vibratórios existentes entre os diversos planos do Universo. Por essa razão, Exu é considerado o mensageiro dos planos ocultos, dos Orixás, sendo o que leva e traz, o que abre e fecha, nada se fazendo sem ele na magia.

Nas dimensões mais rarefeitas, Exu se confunde, unido aos Orixás, com o eterno movimento cósmico provindo do Incriado, sendo característica d'Ele, denominação dessa qualidade transformadora impossível de ser transmitida no vocabulário terreno.

PSICOLOGIA energética
dos quatro elementos

O corpo físico, à semelhança da terra, do ar, do fogo e da água, é elemento primário na sinfonia cósmica. Essas formas energéticas, elementais da natureza, estão contidas em vocês, mas não como compreendem na linearidade de seu raciocínio. Elas são semelhantes às energias do corpo físico e do corpo etérico. Não existe acaso nas relações com a natureza que os cerca, e as afinidades se fazem presentes nos campos energéticos. Observem que a água é fundamental à existência, os alimentos que nutrem a organização fisiológica vêm da terra, o ar que respiram é vital como combustível, e não conseguem ficar mais do que alguns minutos sem respirar. Em relação ao fogo, ao Sol, imaginem se o orbe terrestre estacionasse no movimento rotatório, certamente seria o caos.

Esses elementos correspondentes ao campo vibracional de vocês não se encontram em todos os orbes. Os mais adiantados que a Terra, aparentemente áridos e sem vida aos olhos terrenos, têm comunidades e civilizações hiperfísicas mais evoluídas. Não as enxergam por se encontrarem em faixas vibracionais diferentes, com outros elementos, como se fosse em outra dimensão. Os habitantes dessas paragens, não tendo mais necessidade das formas energéticas densas, habitam as cidades em corpo sutil, pois não precisam mais do corpo físico.

Essas formas energéticas da natureza eram utilizadas em rituais benfeitores, quando os mestres se reuniam em grupos de quatro para avaliar os aprendizes, baseados na simbologia dualista dos quatro elementos: terra, ar, fogo e água. Sentavam-se juntos em volta de uma mesa de pedra e, de acordo com a frequência vibratória e energética do analisado, obtida por meio de um fio de cabelo ou de pedaço de unha do neófito*, procediam a um ritual de magia branca com esses elementais.

Essa mesa granítica era imantada às formas energéticas da natureza. Era desenhado na sua superfície um quadrado, subdividido em dezesseis quadrados menores. No alto do quadrado maior, estaria o elemento ar; na base, o elemento terra; no lado esquerdo, o elemento fogo, e do lado direita, o elemento água. Colocavam quatro pequenas pedras sobre a mesa, imantadas à frequência vibratória do analisado, e invocavam, mentalmente, os elementais da natureza. Por um mecanismo de afinidade com a imantação da mesa, essas pedras movimentavam-se, parando em quatro quadrados menores. Com a posição obtida por cada pedra,

---

* À semelhança da radiestesia, em que tais fragmentos, ótimos condutores eletromagnéticos, impregnados do éter físico do corpo e interpenetrados pela substância astral peculiares dos indivíduos, permitem a leitura das condições de saúde e do teor vibratório dos neófitos.

os mestres elaboravam o mapa da psique do aprendiz**, analisando-o e confrontando-o com as suas avaliações individuais, decidindo se ele tinha condições de galgar outros graus de ensinamentos.

O aprendiz, candidato aos conhecimentos ocultos, não poderia estar centrado em um único elemento. Teria que haver o equilíbrio entre dois, no mínimo. O fogo simbolizava a decisão, a autoconfiança, o entusiasmo e a paixão. Quando esse elemento predomina, o homem se consome nas próprias atividades, é por demais ativo e irrequieto, impulsivo, e os seus desejos insaciáveis o tornam insensível. A água é a sensibilidade, a intuição. Sua ênfase leva ao descontrole emocional, à intuição penetrante e às reações exageradas a qualquer estímulo, acentuados pelo excesso de sensibilidade. O pragmático, "pé no chão", preocupado com as questões materiais, excessivamente ligado ao trabalho, lógico e com dificuldade nos relacionamentos que exigem emoções, está ligado ao elemento terra. O ar significa a mente ativa, contemplativa, algo distraída. Sua predominância leva ao desprezo do corpo físico e às suas necessidade fisiológicas, vida ativa no mundo do imaginário e indiferença às questões materiais. Não nos adentraremos numa dissertação mais aprofundada em relação à psique humana e à simbologia dos quatro elementos.

Essas avaliações eram contumazes e importantes para o autoconhecimento. Com base nos elementos da natureza e em sua similaridade energética com os corpos físico e etérico, conseguiu-se um método eficaz de estudo e de burilamento interno. O homem hodierno, tão ligado nas coisas exteriores, esquece-se da natureza que o cerca e deixa-se engolir pelo excesso de imagens, estímulos e apelos consumistas. A mediunidade, como ferramenta de intercâmbio entre os planos energéticos que os cercam, não prescinde de o médium conhecer-se e reformar-se, sob pena

---

** Hoje, denominamos "mapa da psique do indivíduo" o mapa astrológico natal, que determina a proporção dos quatro elementos, com base nos planetas, signos e nas casas, refletindo a estrutura da personalidade. Os padrões de reação, tendências comportamentais e distúrbios psíquicos e físicos são claramente expressos pela falta, pelo excesso ou equilíbrio dos quatro elementos. É o retorno do conhecimento ancestral, por intermédio da Astrologia Psicológica e da Astrologia Médica. Vide, a propósito, o clássico *Astrologia, psicologia e os quatro elementos: uma abordagem astrológica ao nível de energia e seu uso nas artes de aconselhar e orientar*, de Stephen Arroyo.

de desequilibrar-se. Estudem os quatro elementos e verifiquem a atualidade desses conhecimentos.

Se não compreenderem sua constituição particular, terão mais dificuldade em manter a vida com equilíbrio. Assim, muitas vezes, a saúde enfraquece e sobrevém a doença. Infelizmente, a medicina terrícola ainda costuma dar mais atenção às doenças do que aos doentes.

O homem apresenta sete corpos mediadores, dentre os quais os quatro elementos fundamentais da natureza se expressam em apenas dois: o corpo físico e o corpo etérico, repercutindo nos subsequentes. Estes podem ser definidos como mecanismos básicos que governam seu fluxo energético aos demais corpos mediadores.

O elemento ar está representado pelas cavidades porosas e pelas trocas gasosas ocorridas. Os elementos fogo e água manifestam-se no organismo por meio da digestão e dos processos metabólicos de transmutação energética como um todo, uma vez que a água corporal é a mais presente. A terra está nos alimentos ingeridos, cujas substâncias, sempre presentes no corpo, são continuamente renovadas e têm sua quantidade, qualidade e funções definidas. Quando normais, esses elementos desempenham as diferentes funções do corpo e o mantêm, porém, têm a tendência de tornarem-se anormais, passando por aumentos ou diminuições de sua quantidade, qualidades e funções. Nesse caso, contaminam os tecidos e contribuem para o surgimento de doenças. Todas as formas energéticas dos quatro elementos estão presentes no ser humano, em cada célula do corpo, desde o momento da concepção.

Se vocês tiverem uma vida adequada, de harmonia com o meio que os cerca, e uma alimentação natural, à base de grãos e vegetais, já terão dado o primeiro passo para o equilíbrio perene. Ao contrário, por causa dos embates físicos, mentais e emocionais, aliados a um padrão comportamental destrutivo e a uma dieta alimentar imprópria – energias deletérias são ingeridas, como, por exemplo, a carne vermelha e os alcoólicos –, a maioria dos cidadãos terrícolas encontra-se desajustada, desafinada nas polaridades energéticas do positivo com o negativo, ou despolarizada, com depressão, ansiedade, dores e doenças diversas.

Seu campo de energia já é um fato científico. Nas casas espíritas, por intermédio do magnetismo, trabalhamos as polaridades, terapia energética reguladora dos chacras e da aura, fundamentais para a vida e para a desobstrução do fluxo das correntes energéticas – do fogo, da água, da terra e do ar. O campo energético do médium magnetizador é ativado e, aliado aos fluidos ectoplásmicos e às essências fitoterápicas astrais, eterizadas, curamos e restabelecemos o equilíbrio do corpo físico. O médium tem que estar harmônico, tendo uma conduta saudável e equilibrada. Os assistidos experimentam uma melhora imediata, mas, muitas vezes, não duradoura. Se faz necessário o esclarecimento quanto a essas energias, sua relação com a natureza e o modo de vida que os cidadãos terrícolas devem adotar para o equilíbrio tornar-se habitual. Aqueles que se utilizam da palavra, que orientam fraternalmente, têm o dever de conhecer esses princípios, tão importantes para a felicidade.

A união do homem com o Universo é indissolúvel nos sete planos vibracionais, sendo que em cada um se aplicam os elementos correspondentes da natureza. Nessa íntima união com o Criador, "eu estou em ti e tu estás em mim": fé e ciência juntas, uma só expressão de harmonia no Cosmo, retratando a manifestação do mesmo ser, que é Deus.

Observações do médium

Antes de escrevermos esta mensagem, tivemos uma viagem astral acompanhada por Ramatís, que nos foi muitíssimo marcante. Apresentou-se sem turbante ou qualquer alegoria na cabeça; ao natural, com os cabelos soltos às costas, negros, até a altura da cintura; de estatura mediana, tez mate como a dos indianos, aparentemente menor que os meus 1,78 metro. Estava com uma camisa branca, espécie de túnica, a tradicional corrente e o triângulo lilás-rosado com a cruz no centro sobressaindo em seu peito. Vestia calças folgadas, em matiz verde-azulado, amarradas na altura dos tornozelos. Tinha nos pés um tipo de calçado que não encontro palavras para descrever e dos quais não me detive em detalhes.

Levou-nos até um salão, em um templo hermético, no interior do qual participamos da elaboração do mapa elemental da psique humana, usado na avaliação dos aprendizes nas fraternidades iniciáticas de outrora, sentados em frente a uma mesa de pedra, conforme o ritual de magia branca descrito na mensagem por Ramatís.

Depois, vimo-nos transportados, em corpo astral, por um veículo aéreo à semelhança de um avião, em grande turbulência, ao que tudo indica a uma região muito distante, em outro orbe no Cosmo. Num determinado momento da viagem, vimo-nos desprovidos do corpo astral, entendendo que fomos até aquele local em corpo mental, pela sua "distância" da Terra. Foi como se passassem um filme, numa espécie de visão tridimensional a nossa volta, colorido, com sons e sentimentos. Estávamos numa praia, de um mar branco e translúcido, maravilhosamente linda. O sol já tinha se posto, e as pessoas brincavam tranquilamente na areia. Eram altas para o nosso padrão, esguias, delicadas como aquarianas.

Ramatís explicou-nos que todos eram magos, inclusive as "crianças", exímios transmutadores das energias ocultas e dos elementais da natureza. Pediu-nos para que observássemos a paz e o equilíbrio com os elementos da natureza ali presentes: a água no mar, a terra na areia, o ar que respiravam e o fogo do sol, que ainda mantinha sua irradiação. Chamaram-nos a atenção a motricidade, pelos movimentos ágeis, e a cognição daquelas pessoas, muito além das que temos nestes corpos terrícolas.

Na volta, Ramatís utilizou-se de uma bela ideoplastia para nos transmitir alguns ensinamentos. Vimo-nos lado a lado, e ele empinava uma pipa – pandorga, papagaio –, dando linha, e ela voando cada vez mais alto. Repentinamente, a linha terminava, passando entre os seus dedos como se tivesse arrebentado. Em desabalada correria, quase batendo em um muro que surgiu durante a perseguição ao fio, consegui pegar a linha e segurei a pipa para que não fosse embora. Voltei à presença de Ramatís, e ele pediu-me para amarrar a linha num galho de árvore que estava próximo. Explicou-me que as três varetas que davam sustentação à pipa simbolizavam os três corpos: físico, etérico e astral. O papel que a fizera alçar voo era o Espírito, centelha divina querendo retornar ao Todo cósmico, ao seio do Pai, diante da inexorabilidade do vento ascensional que a arrebatou. A linha significava nossas amarras, nossos apegos à vida material. Mostrou-me que, para libertarmo-nos, temos que deixar a pipa alçar-se a altitudes maiores. O muro em que quase bati era a outra faixa vibratória, que pelo nosso atual estágio evolutivo ainda não nos é permitido ultrapassar. Minha desesperada corrida para segurar a linha foi decorrência dos meus apegos, ainda presentes nesta encarnação, e dos quais devo libertar-me. Quando olhei para a árvore, não encontrei mais a linha presa, e a pipa estava planando no céu. Perguntei a Ramatís o que houvera, e ele me disse que aquela alma, ali simbolizada, tinha partido junto ao vento do Criador, retornando ao Todo cósmico como Espírito angélico.

Ramatís ainda nos passou outras informações para melhorar o intercâmbio mediúnico, pertinentes aos trabalhos que iremos desenvolver juntos e que não estamos autorizados a divulgar. Deixou-nos suavemente no corpo físico, e assim despertamos no exato instante do acoplamento, com a lembrança perfeita de toda a experiência. Não há palavras para descrever a paz, a segurança e o amor ao lado de Ramatís, o que causa uma certa melancolia saudosista, pois não queríamos retornar.

QUEDA do
corpo físico – desgaste

A imperfeita mortalidade do corpo físico se sublima na perfeição da imortalidade do Espírito que o animou temporariamente. Sob o invólucro exterior perecível do homem, permanece intocada a mente, que acumula gradativamente a sabedoria do psiquismo por meio das vivências sucessivas, controlando e retificando os desvios do caminho ascensional pelos equívocos do orgulho e do egoísmo. Vestindo diversas armaduras em muitas existências, o guerreiro violento e conquistador aperfeiçoa-se sob o estímulo do maravilhoso corpo humano arquitetado por Deus, que determina que o homem se utilize da reencarnação tantas vezes quantas forem necessárias, a fim de que se exponha às vicissitudes e responda aos seus estímulos perante a Lei do Carma, para que sua natureza divina o conduza à realidade transcendental, nele latente. Assim, a humanidade despertará e crescerá até manifestar-se o anjo que cada um tem dentro de si, conforme ensinam as máximas cósmicas: "Na casa do Pai há muitas moradas" e "Vós sois Deuses".

QUIUMBANDA – falsa Umbanda

Essa prática não é da verdadeira Umbanda, e só vamos a esses locais do Astral Inferior para desmanchá-los, quando assim temos permissão e cobertura espiritual. Ficamos com o coração entristecido quando vemos por aí tanto "guiismo", tanto médium que faz cegamente tudo que o "pai", a "mãe preta" ou "caboclo" do terreiro manda ou fala.

É bom se lembrarem de tudo que ocorreu no mundo, em se tratando de fanatismo e fundamentalismo religioso, e de todas as guerras e mortandades que o homem gerou em defesa da sua crença, fé ou religião. Os Espíritos também estão evoluindo, assim como os filhos, que devem sempre submeter à razão o mediunismo vivenciado, sob risco de práticas ridículas aos olhos das falanges benfeitoras de Jesus. O conhecimento é um dos meios seguros que propiciarão o discernimento necessário para que os filhos sejam luzes e conduzam a passos seguros os consulentes, não ficando como cegos conduzindo no escuro aqueles que os procuram para a caridade ou tenham eternamente os irmãos espirituais que os assistem como suas muletas. Acreditamos que todo Guia ou Protetor queira ver seu guiado ou protegido um dia guiando ou protegendo. Caso contrário, ficaríamos paralisados na evolução, e não é isso que esperamos de vocês.

Toda opinião conclusiva, determinista e excludente, seja de "guia", "protetor" ou quaisquer outros desencarnados ou encarnados que não aceitam argumentos contrários e impõem seus pontos de vista, deve fazer com que imediatamente se acenda uma luz vermelha de "pare", para que não caiam nas fascinações e subjugações. Os Espíritos iluminados, mentores, verdadeiros guias e protetores são sempre parcimoniosos e respeitam incondicionalmente o livre-arbítrio, o merecimento e o estágio evolutivo de cada individualidade, seja na Umbanda ou em qualquer outra prática da mediunidade. Todos, inevitavelmente, têm repulsa por quaisquer atos violentos com um ser vivo, e não há justificativa no Universo infinito para um sacrifício com derramamento de sangue em nome do "bem", contrariando o mérito cármico do sujeito, que não obteve a realização natural e de direito do que pretende.

Quanto aos irmãos que pedem esses trabalhos aos chefes de terreiros, devem ser fraternalmente esclarecidos e orientados. Se assim procederam, é porque houve sintonia, por isso precisam de um trabalho especial para esclarecimento desse tipo de entidade – os quiumbas.* Os diretores da casa devem rever imediatamente a conduta moral do corpo mediúnico e localizar as brechas vibratórias, o elo quebrado na corrente que está permitindo esse tipo de ataque das sombras, que, se persistir, pode tomar conta do terreiro em nome das trevas. Em relação às casas que praticam tais rituais, as respeitamos sem julgamentos, mas afirmamos que não têm o apoio da Alta Confraria do Astral Superior e de seus mensageiros da caridade desinteressada, que se manifestam pela Umbanda no plano terreno.

---

* Espíritos obsessores que se fazem passar pelos Guias da Umbanda. Quando tomam conta da corrente, dominando-a, estabelecem a quiumbanda, reino dos quiumbas.

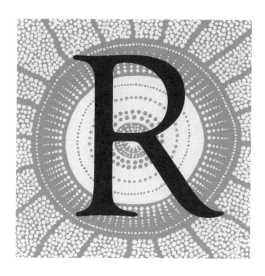

REENCARNAÇÃO – ingerências cármicas

A influência dos Orixás ultrapassa largamente as intervenções magnéticas nos corpos sutis, nos chacras e, por sua vez, no corpo físico que se formará. Na maioria das vezes, o embate entre almas adversas que se reencontram compulsoriamente em uma família objetiva a evolução psicológica de Espíritos retidos nas malhas do ódio e do revide. Certas situações de conflito ocorrem como se fossem encruzilhadas que devem ser vencidas na longa jornada dos Espíritos imortais, rumo à estação angélica e para o aprendizado do amor, como no caso exemplificado a seguir.

Uma jovem mãe com uma filha de três anos teve muitas dificuldades para engravidar e, durante a gestação, precisou ficar em repouso absoluto, pois, ao menor esforço, sangrava. A filha é chorona desde o nascimento, apresenta dificuldade para dormir e treme de medo ao ficar só. Ao nascer, teve inflamação nos dois mamilos e apareceram hematomas no corpo. A mãe não teve uma gota de leite, e seus seios, misteriosamente, diminuíram, como que murcharam, no primeiro ano da filha.

Em uma vida passada, a mãe foi uma senhora rica de uma grande fazenda de café. A filha de hoje foi uma escrava de beleza inebriante. Essa senhora feudal fez uma longa viagem de passeio à Europa, e o marido ficou para cuidar das plantações, que exigiam constante supervisão. Ao voltar, encontrou a escrava amamentando um lindo bebê mestiço. Ficou desconfiada e quis saber de quem era aquele filho, mas todos desconversavam, principalmente o esposo, que se mostrou bastante indulgente com o fato, o que não era do seu comportamento habitual. Desconfiada de alguma estripulia do marido durante sua ausência, mandou prender imediatamente a escrava e a torturou até que confessasse que o pai era o esposo da sinhá. Foi jogada num porão para morrer no meio dos ratos. Seus seios petrificados pelo excesso de leite foram mordidos pelas ratazanas esfomeadas, causando-lhe uma forte infecção, a peste. Ao ser descoberta definhando, não teve mais salvação e, no momento crucial em que a morte se apresentava, rogou uma praga à patroa, dizendo que ela nunca teria filhos. Realmente, ela não teve, e seus dias acabaram em profunda depressão, desencarnando aos 38 anos.

Hoje, ambas retornaram como mãe e filha. A que esconjurou veio como filha, e a que mandou torturar, como mãe. Os Orixás Iemanjá, regente da fecundação, e Oxum, símbolo da gestação, influenciaram decisivamente no encontro dessas duas almas para que se perdoassem e exercitassem o amor além de aparências, raças e condições sociais. Em ambas ficaram demarcados na memória genética espiritual, na forma de fulcros vibratórios desarmônicos, os desmandos dos atos pretéritos para resgate no presente.

Reforça-se com esse exemplo o aforismo popular "aqui se faz, aqui se paga", que nesse caso refere-se ao tabernáculo físico que abriga os Espíritos. A Lei Maior nada tem de punitiva e é plenamente justa. "A cada um é dado segundo suas obras", nos ditam os Maiorais dos tribunais divinos, vibrando em Xangô.

REENCARNAÇÃO – sensibilização do médium

Os mentores astrais da Umbanda movimentam as energias dos Orixás interferindo na sensibilidade do corpo astral a favor da evolução de seus pupilos. Obviamente, tais manipulações energéticas são sinérgicas ao estabelecimento do plano cármico do reencarnante, tendo em vista os objetivos educativos das experiências a ser vividas na carne. Assim, se um determinado Espírito reencarna e será médium de cura, sua sensibilidade se ajustará de acordo com as tarefas que for desempenhar, ligadas aos Orixás que regem os processos curativos e das doenças. Cada Orixá, em semelhança com seus arquétipos e suas influências psicológicas humanas, se fará sentir no modo de ser do ente que volta à carne, impactando não só no psiquismo, mas também no tipo de corpo afim com a energia que mais deve sobressair-se.

Múltiplas operações magnéticas espirituais são realizadas nas intervenções que se fizerem necessárias no perispírito, que será o modelo organizador biológico do corpo físico que se formará. Estabelecido o plano de trabalho que é justo ao reencarnante, ele sofre, antes de aproximar-se dos futuros pais, complexas intervenções energéticas que ocasionarão certas especificidades vibratórias em sua futura tela etérica, espécie de teia de proteção que será construída no duplo etéreo quando da formação do corpo físico. Assim, em obediência aos ditames maiores de equilíbrio, cirurgicamente, os chacras astralinos do futuro medianeiro são alterados em seus giros, velocidade e frequências vibratórias para que se ajustem às ondas eletromagnéticas dos Orixás que os influenciarão. Esses vórtices energéticos servirão de para-raios para o acoplamento dos guias que acompanharão as tarefas do médium enfeixadas nessas energias do Astral, como os programas de computador, que devem rodar na máquina processadora, a contento.

O homem é o último elo de uma cadeia de rebaixamento energético. Os chamados corpos sutis (ou veículos da consciência) abrigam o Espírito no meio dimensional necessário para que ele se manifeste na busca de experiências destinadas à sua evolução. Desde que fomos criados pelo amor de nosso Pai, somos deslocados por um movimento maior que nos conduz a vivências múltiplas destinadas à nossa educação cósmica. Existe um grande contingente de Espíritos que habitam em volta da Terra, no chamado Plano Astral, onde vivem em seus corpos astrais (perispíritos) aguardando na fila a oportunidade divina de ocupar o vaso carnal para resgatar débitos acumulados em vidas passadas, o que podemos denominar de "carma acumulado".

Metaforicamente, somos uma pilha que está destinada a se descarregar para esgotar a quantidade de energia que precisa ser queimada no plano físico, mas nossa semeadura livre, que impõe a colheita obrigatória, acaba sendo potente dínamo que não nos deixa descarregar o carma acumulado. Isso ocorre em razão de nossa infantilidade perante as leis universais, pois, ao invés de gerarmos saldo positivo na balança de nossas ações (darma), geramos dívidas (carma negativo) para com nossos semelhantes, obrigando-nos a saldar débitos por meio de tantas reencarnações quantas forem necessárias ao aprendizado definitivo. O tempo é como um pai bondoso, e a eternidade uma mãe amorosa que nunca se cansa de nos esperar. Os sofrimentos do nosso caminho são, portanto, consequências exclusivamente de nossas próprias ações.

Os Orixás, ou melhor, as energias e forças da natureza que estão presentes em todas as dimensões do Universo, tal como se fossem o próprio hálito divino, formam impressões nos corpos espirituais desde o momento em que somos criados. Nesse instante, os Orixás vibram em nosso nascituro Espírito e demarcam, para o eterno devir, suas potencialidades em nós, como um carimbo que bate com força numa folha em branco. No exato momento em que tomamos contato com a primeira dimensão expressa na forma, se impregna em nossa matriz espiritual indestrutível (a mônada) um Orixá que mais nos marcará, conhecido no meio esotérico como Orixá ancestral. Cada um tem essa marca de nascença espiritual, como uma digital cósmica, e somente os Espíritos celestiais responsáveis pelos planejamentos cármicos têm acesso a essa "radiografia" do eu espiritual mais primário de cada um, se é que podemos nos fazer entender, dada a ausência de nomenclaturas equivalentes em nosso vocabulário terreno para melhor descrever a criação de Espíritos e a gênese divina.

Não vamos nos aprofundar nos aspectos mais abstratos da regência dos Orixás, os quais envolvem os processos divinos de criação de Espíritos, pois ainda não estamos preparados para entendê-los. Podemos dizer que os Orixás demarcam em nossa contextura energética fortes impressões no momento da concepção (união do gameta masculino com o feminino) e durante toda a gestação, uma vez que estamos num meio aquático de grande propensão ao magnetismo. Essa impressão culmina no exato instante de nosso nascimento, quando nossa cabeça rompe a placenta, e o chacra coronário tem contato com as vibrações dos cinco elementos planetários: ar, terra, fogo, água e éter.

Durante o ciclo reprodutivo (concepção, gestação, nascimento), é feita uma impressão magnética em nossos corpos sutis (astral e mental), de similaridades vibratórias afins com as energias dos Orixás, fazendo-nos mais propensos e sensíveis a uns Orixás em detrimento de outros. Assim, nossos chacras (centros de energia que fazem a ligação entre os corpos físico, etérico, astral e mental) passam a vibrar em determinadas frequências receptivas às influências dos Orixás aos quais estamos ligados para nos ajudar a evoluir, segundo débitos acumulados.

Quando ferimos a Lei do Amor provinda da Mente Cósmica, que vibra em todo o Universo e rege nossos caminhos ascensionais, emitindo toda espécie de pensamentos e emoções negativas e destrutivas, quebramos uma cadeia de causalidade que, ao invés de nos libertar, propicia a formação do carma que nos prende ao ciclo das reencarnações sucessivas. Chegará o dia em que os rebeldes perceberão as forças sinistras que se intensificam na atmosfera psíquica coletiva da Terra, geradas pelos pensamentos e sentimentos humanos de ódio, inveja, luxúria, vaidade, concupiscência, ciúme, medo, desconfiança e maledicência, que desencadeiam, por meio da Lei da Afinidade, competições, fracassos, guerras e desgraças no mundo e desequilibram e enfraquecem cada vez mais os núcleos vibratórios planetários dos Orixás – vórtices energéticos, espécies de linhas de forças magnéticas coletivas que ligam o orbe ao Cosmo, mantenedoras da vida e da comunidade espiritual terrícola.

Assim como o barulho da dinamite em abrupta explosão na rocha causará uma onda de choque no sistema nervoso de quem a recebe com impacto, promovendo um deslocamento na estrutura celular do corpo físico, as labaredas de sentimentos e ações movidos pelo egoísmo e desamor contra o semelhante perturbam as substâncias mais finas da estrutura atômica da mente e, consequentemente, dos corpos astral e físico, em decorrência da ressonância no meio ambiente próximo àquele que as emite consciente ou inconscientemente, intencionalmente ou não. Isso resulta no bloqueio vibratório da Lei de Afinidade em seu aspecto positivo e benfeitor, que é o aprisionamento reencarnatório para retificação do Espírito.

Ainda que tenhamos a sensibilidade mediúnica exaltada para receber a energia dos Orixás, a fim de facilitar o nosso equilíbrio, como um edifício construído por consistente argamassa que sustenta os tijolos, o efeito causado por nossos desequilíbrios emocionais constantes, oriundos dos maus pensamentos que emitimos como potentes golpes contra as paredes desse prédio, acaba por causar uma fissura na estrutura atômica de nossos corpos e chacras, ocasionando as mais diversas anomalias comportamentais.

Em nosso psiquismo, estão registrados hábitos viciados de outrora que serão refreados pelas energias dos Orixás, para que seja possível o equilíbrio e a superação cármica enquanto Espírito reencarnante que não se recorda de seus atos pretéritos quando em estado de vigília: é como usar um sapato de numeração menor, com cadarço apertado. Assim, certos aspectos comportamentais são aprimorados de acordo com a influência das energias dos Orixás. Se o psiquismo estiver saturado de energias positivas ou negativas, em abundância ou escassez, o ser encarnado poderá ter sérios distúrbios psíquicos decorrentes dos pensamentos desalinhados, os quais interferem na emotividade e causam sequelas nefastas quando somatizados, surgindo fobias, pânicos, depressões, ansiedades, fascinações, obsessões e doenças diversas.

Resumindo melhor: o médium sente com mais intensidade a influência dos Orixás de acordo com a proporção da regência de sua coroa mediúnica. Ou seja, somos mais sensíveis a determinados Orixás do que a outros. Como exemplo, apresentamos a seguir a regência da coroa mediúnica de um médium hipotético:

Orixás regentes	Demonstrativo hipotético de influência
Oxóssi (primeiro)	30 a 40%
Iansã (segundo)	15 a 20%
Iemanjá (terceiro)	10 a 15%
Omulu (quarto)	5 a 10%

Os demais Orixás se "pulverizam", podendo se alternarem em determinados momentos de nossa existência, como em situações em que nos deparamos com um problema sério de saúde ou passamos por mudanças pessoais abruptas. Nesses casos, a regência do Orixá poderá ser alterada momentaneamente, prevalecendo a energia afim necessária ao momento cármico.

Quando da fundação de um templo umbandista, por exemplo, que envolve sérias mudanças nas tarefas do médium destinado ao comando do terreiro, muito provavelmente esse médium ficará com a regência de Ogum, provisoriamente, em primeiro plano, pois esse Orixá está à frente das grandes demandas. Ao envolver-se com o aspecto jurídico da legalização da casa, Xangô passará a influenciá-lo intensamente, a fim de que haja equidade e justiça em suas decisões perante o agrupamento de médiuns e a assistência. Dessa forma, em certos momentos de nossas existências carnais, de acordo com o arquétipo e a influência psicológica dos Orixás, essas energias se intensificam ou se amenizam em nosso psiquismo e em nosso comportamento, sem alterar-se definitivamente a regência original dos Orixás na nossa coroa mediúnica, uma vez que eles prevalecerão por toda a encarnação para auxiliar nossa evolução.

Existe uma correspondência vibratória com as entidades que assistem aos médiuns, as quais, por sua vez, também estão evoluindo. Assim, no caso do demonstrativo hipotético de influência apresentado acima, muito provavelmente o guia principal que irá amparar esse medianeiro, e dele se servir, será Oxóssi, embora isso não seja obrigatório. Consideremos aí a sensibilização fluídico-astral recebida pelo médium antes de reencarnar, a qual foi detalhadamente planejada para funcionar como um "perfeito" encaixe vibratório para a manifestação mediúnica durante as tarefas caritativas, especialmente por se tratar da complexidade de incorporação aos moldes umbandísticos.

REPERCUSSÃO vibratória

Nas lides com o Plano Astral, o medianeiro é muito exigido. O trabalho de caridade, medianímico, aos irmãos do "lado de cá", não se resume ao curto período em que vocês ficam no centro espírita. Como estamos numa dimensão espaçotemporal diferente, é difícil exprimir isso em palavras que permitam a plena compreensão no campo da forma e do tempo em que estão inseridos.

Um irmão sofredor que teve um desencarne abrupto, acidentalmente, é desperto por intermédio de um médium, que exsuda os fluidos ectoplásmicos curadores específicos para este fim. Isso decorre da aproximação e do envolvimento áurico e fluídico. Sendo esse trabalho realizado em grupo, após o despertamento, como se fosse um choque, esse irmão se acopla para psicofonar por meio de outro médium, tornando-se possível exteriorizar seus sentimentos, pois a cena do desencarne ficou cristalizada no seu campo mental como se fosse um filme com sensações, que não cessem nunca, repetindo-se ininterruptamente. Nessa comunicação, o irmão tem a sensação de possuir um corpo, não tendo ainda noção que desencarnou e que está utilizando uma organização anatomofisiológica emprestada, proporcionada pela da caridade, para se manifestar.

Externados os seus sentimentos, desopilada a situação mental de desequilíbrio, tendo servido o médium como verdadeiro desafogador desses fluidos pesados, podemos nos "aproximar" desse irmão, que poderá nos ver. Então, mostramos-lhe os curativos, esclarecemos que seus órgãos não estão mais decepados nem sangrando, por isso as dores foram aliviadas. Será possível repousar, agora, em local apropriado. Quando houver permissão, poderá contar sua história, em oportunidade vindoura, por intermédio da fala ou da escrita, e irá para uma estância de refazimento, de acordo com seu merecimento e sua afinidade vibratória energética.

Muitas vezes, um dos médiuns que o atendeu adquire uma espécie de repercussão vibratória, o que é permitido para sua educação e amadurecimento. Nessa, as sensações e as percepções que estavam cristalizadas no campo mental e sensorial do irmão sofredor em verdadeiro estado de dementação, aumentadas, sobremaneira, pelo fato de não ter ele um corpo físico, imantam-se no perispírito do medianeiro, que serve como verdadeiro exaustor, aliviando o irmão em tratamento. Só que essa imantação não repercute no físico imediatamente. O médium fica com uma sensação de mal-estar, que vai aumentando de intensidade, gradativamente, em decorrência de uma força centrípeta até repercutir no corpo físico e chegar à sua área consciencial.

Em médiuns de maior sensibilidade perispiritual, é possível ver e sentir toda a cena do desencarne do irmão socorrido durante o sono físico e o desprendimento noturno, em geral até 48 horas depois do trabalho mediúnico, pela clarividência. É como se o médium fosse o ator principal de um filme, vivificando a experiência marcante do desencarne no lugar daquele irmão sofredor.

Vejam as nuanças e a complexidade do trabalho de caridade no exercício dos dons mediúnicos! É uma verdadeira missão. Nesse ínterim, com todo o mal-estar em repercussão, nosso medianeiro tem que manter sua vida normalmente: trabalhar, deslocar-se, assistir sua família, escutar os filhos e aqueles que o procuram, pois a mediunidade sempre está presente. Outras vezes pode ser solicitado para compor um grupo de socorro e incursão no Astral Inferior, durante o sono físico, em situações que exigem desdobramentos noturnos.

Esses exemplos mostram a importância do equilíbrio e do discernimento. O médium que não conhece a si mesmo é um estranho lidando com essas variáveis, ocultas aos seus sentidos físicos e imperceptíveis no seu cotidiano. Em todas essas situações, lá estão nossos irmãos menos esclarecidos, em verdadeiros conluios, à espreita de uma desatenção e de uma janela vibratória para influenciá-lo e prejudicá-lo, a fim de que o médium desista do seu desiderato.

A prece é refrigério que desce do Alto, preservando-o ileso nesses momentos. Permitimos com muito amor essas experimentações, pois o médium deve ter luz própria e brilhar no meio das trevas. Não deve, em qualquer dificuldade, correr e apoiar-se nos mentores, como se eles fossem uma bengala eternamente disponível. As mesmas potencialidades que temos no Astral dormitam em vocês. Cada vez mais, galgarão os degraus da escada que leva à realização plena como Espírito imortal que são, e o mediunismo nunca cessa em todos os planos, sendo aquisição meritória. Andem com suas próprias pernas, em súplica, com fé e confiança, que cada vez mais se fortalecerão.

Jesus, o maior médium que esteve entre vocês, com toda a potencialidade cósmica do Cristo, passou por todas as situações probatórias, no mais das vezes, solitariamente, conforme a programática da sua missão terrena. Teve a tentação dos magos negros, curou chagados, expulsou "demônios", foi humilhado, agredido, negado e, no momento culminante de sua estada na Terra, assumiu para si toda a responsabilidade dos seus atos, aliviando os apóstolos e seus seguidores perante o poder religioso e do Estado romano estabelecidos. Quando estava na cruz, no ápice de seu desencarne, ainda falou: "Pai, perdoa-lhes, porque eles não sabem o que fazem".

Observações do médium

Recentemente, nos trabalhos mediúnicos que participo, atendemos um irmão acidentado que se apresentava em estado bastante perturbado, queixando-se de muita dor no lado direito da cabeça e mal conseguindo fazer-se entender pelo dirigente. Findo o trabalho, fiquei com uma sensação ruim, e a impressão de estar com o perispírito desacoplado, como se a qualquer momento fosse sair do corpo. Na noite subsequente, não consegui dormir, pois sempre que tentava adormecer tinha sensação de queda, como se a cama afundasse, além de escutar gritos e batidas a ecoarem no quarto.

No dia seguinte, exausto, não consegui trabalhar à tarde e recolhi-me para descansar. Senti-me desdobrar e presenciei todo o desencarne do irmão socorrido, como se fosse o próprio: ele estava sendo perseguido por um homem alto que queria maltratá-lo pelo fato de ter estuprado sua filha. Entrava num galpão, que aparentemente era destinado a armazenamento, pois estavam numa comunidade rural, e, ao término de uma escada, encurralado numa espécie de sacada que havia na parte superior, ao firmar a perna esquerda no piso de madeira, que talvez estivesse podre, desequilibrou-se, caindo e batendo com a cabeça em algo duro, do lado direito, desencarnando nesta queda acidental. A partir de então, fiquei totalmente restabelecido, recuperando as forças e o bem-estar.

RESGATE nas regiões umbralinas

Nas atividades socorristas e de resgate nas regiões umbralinas abismais e trevosas, trabalhamos em grupo e com médiuns encarnados desdobrados. Precisamos dos fluidos animalizados, da parte mais expansível e moldável que é o ectoplasma, para conseguirmos interceder nesses níveis mais densos e pesados. Às vezes, é mais fácil atuarmos direto na matéria do que nesses irmãos perturbados, dementados, pelo seu triste estado de desintegração e densificação perispiritual. Não há nada de excepcional no fato de precisarmos dos fluidos dos encarnados para tais intentos. Pode uma broca de madeira perfurar uma parede de aço? Não. Será necessário algo mais sólido, especificamente preparado para essa finalidade. Nesse caso, nos utilizaremos de uma broca de diamante, que é mais compacta, dura e consegue perfurar o aço.

Alguns irmãos socorridos encontram-se tão desvitalizados, com sérias deformações perispirituais, que temos dificuldade de expressar o seu formato em palavras inteligíveis a vocês. É um misto de homem e rocha, petrificado, numa espécie de calcificação, como se fosse um bagaço enrijecido, um gomo de laranja cristalizado. No ato do resgate, procedemos o seu imediato acoplamento áurico, utilizando-nos de uma rede magnética para enovelá-lo num médium que tenha potencial fluídico ectoplásmico curativo. Assim, o deixamos acoplado ao corpo físico durante o sono do medianeiro. O perispírito do irmão em atendimento é refeito e recomposto na forma original, por intermédio da força energética plasmadora do perispírito do instrumento mediúnico, que serve como novo modelo organizador. Esse é um recurso em casos de extrema gravidade, cujo irmão permanece imantado no campo áurico do encarnado, nutrindo-se pelo tempo necessário ao seu restabelecimento.

Depois, em trabalho na mesa mediúnica, implanta-se ambientação mental e magnética suficiente ao intento final, sendo desimantado e concluindo-se o choque anímico, a fim de que esse irmão consiga nos enxergar e seja esclarecido e recolhido a um local de tratamento adequado. O nosso obreiro da seara do Cristo sofre as repercussões vibratórias do irmão durante o tempo de atendimento, mas isso é da lei, é maturidade, crescimento e caridade.

Jesus, o Divino Mestre, dormia no chão ao relento, com uma alimentação exígua e frugal, muitas vezes entre os leprosos, doentes os mais variados, aleijados e epilépticos. Auxiliava a todos. Aceitava, sem julgamentos, os renegados e excluídos. Ele, na Terra, e o Cristo, nos Céus, formavam um, assim era e é a vontade do Pai.

RESSONÂNCIAS vibratórias
do passado

As ressonâncias vibratórias são espécies de transferências vibratórias, oscilantes e intermitentes, mas com aguda repetitividade, de traumas registrados no inconsciente milenar para o consciente da atual encarnação. Pensamentos em desalinho, pânicos sem causa aparente, receios exagerados, insônias, comportamentos compulsivos, entre outras causas não aparentes, influem no comportamento do ser, gerando ansiedades, depressões, ódios e dificuldades gerais que levam rapidamente a um quadro de esgotamento psíquico, advindo doenças variadas no corpo físico. Se há sintonia com Espíritos sofredores em mesmo estado mental, pelas repercussões vibratórias que se intensificarão, rapidamente se agrava o quadro mórbido do encarnado, como aludimos nas respostas sobre os bolsões de Espíritos sofredores e as induções mentais.

SANTOS e Orixás – sincretismo

Na época da escravatura, os negros eram obrigados a seguir o catolicismo. Quando batizados, recebiam um nome português e tinham de frequentar as missas aos domingos. Os sacerdotes iorubás, entre outras nações africanas que passaram a viver no Brasil, imediatamente identificavam cada santo com alguma das personagens que ilustravam os Orixás, aceitando esses santos prontamente, por sua índole espiritual mística e universalista. Posteriormente, o sincretismo teve a propriedade de favorecer a inclusão social da Umbanda num momento de perseguição e preconceito. As primeiras tendas e os primeiros terreiros levavam nomes católicos com a finalidade de obter aceitação urbana.

Ao contrário do início do processo sincrético, em que os negros "fingiam" adorar os santos católicos para não sofrer duras penas dos senhores, essa fusão de diferentes cultos ou doutrinas religiosas, após a libertação dos escravos, sofreu uma reinterpretação com o espiritismo, ocasião em que as fachadas das tendas e dos estatutos de fundação tinham a denominação "espírita" associada a um santo católico, para seus integrantes não serem perseguidos pela polícia. Durante a escravidão, quando os negros construíam seus altares, eram obrigados a colocar os santos católicos na parte superior, mas na parte inferior fixavam os fundamentos dos Orixás (pedras, minerais, oferendas votivas, ervas, entre outros símbolos) no chão de terra batida. Na hora de cultuar os santos, na verdade, cultuavam os Orixás e assim conseguiam realizar seus transes ritualísticos sem que o homem branco, o senhor ou o clérigo da vizinhança os proibissem.

Pode-se afirmar que até hoje os Pretos Velhos são matreiros para levar os consulentes a se modificarem e a fazerem aquilo que eles recomendam, bem como se mostram atilados quanto ao famoso engambelo, quando o que parece ser não é, principalmente em relação a processos obsessivos que envolvem entidades mistificadoras querendo se mostrar aos médiuns como Espíritos do movimento de Umbanda sem serem. É importante relembrar que nas raízes da fusão sincrética entre os Orixás e os santos católicos está um hábito que até hoje é adotado nos templos de Umbanda: chegar a um terreiro, saudar a entrada e depois o congá.

SOLTAR obsessores

Vejam este exemplo: um filho que por um desentendimento num jogo de futebol, no campinho do bairro, foi obrigado pelo juiz a ficar na reserva, como forma justa imposta pelas regras do jogo, o que foi prontamente acatado pela equipe, compensando assim a ofensa verbal ao colega de time. Não satisfeito, o jogador ofendido com a punição realizada, odiosamente, espreita o outro, acompanhado pela turba de valentões, iniciando uma surra sem fim, com pontapés, socos, puxões e arrastos. Vocês seriam favoráveis ou contra que se afastem esses malfeitores violentos, retendo-os, ao menos provisoriamente, até que cada um se dê conta dos seus desmandos?

A vilania de certos atos ultrapassa sobejamente o livre-arbítrio e o carma individual do atingido. É preciso a pungente misericórdia do Alto, liberando os que não estão em débito para sentirem as unhadas do sofrimento credor nas entranhas. O livre-arbítrio dos empedernidos no mal, valentões desocupados e vilões desditosos do Além-túmulo vai até o ponto em que não ultrapassa o carma e o livre-arbítrio do irmão objeto da ação maldosa que eles executam raivosamente. Impõe-se a intervenção socorrista que tem atribuição de reter esses irmãos nas estações transitórias do Astral Inferior. Não desrespeitamos o livre-arbítrio, agindo exatamente no limite entre o início do merecimento de socorro pelo irmão desrespeitado em seus direitos e que pagou até o último ceitil de sua dívida e do término da liberdade de ação do agente cobrador pelo abuso do seu próprio livre-arbítrio, em prol da harmonia e do reequilíbrio perante as leis cósmicas. Ao contrário, se prejudicaria a coletividade que cerca o atingido, causando um mal maior.

Quanto aos ensinamentos, tão bem demonstrados no Evangelho do Cristo, é oportuno aludirmos as ações pessoais de Jesus, que não doutrinava os demônios dos possuídos que os procuravam sôfregos para a cura, e sim expulsava-os sumariamente com o direito cósmico que tinha pela sua elevada estirpe sideral e condição moral e pelo apoio das hostes angélicas que o acompanhavam do Plano Oculto. Estas retinham e levavam essas legiões de Espíritos enfermiços, grudados como carrapatos nos encarnados incautos de outrora, para os locais de detenção provisória dos tribunais divinos, que os julgavam caso a caso nos seus direitos e deveres como cidadãos cósmicos.

Trouxemos essas cogitações para clarear seu discernimento. Muitas vezes, deixar obsessores à solta, ao contrário de se estar exercitando a tolerância amorosa, de acordo com os ditames universais de fraternidade que devem reger os labores da mediunidade socorrista, é praticar a conivência subserviente de alguns homens utilitaristas com as causas próprias, receosos de punições posteriores dos obsessores do Além.

Isso não quer dizer que todos os obsessores ficam retidos. Os julgamentos são feitos individualmente, e cada um será encaminhado para o local que lhe seja justo. Sendo assim, há muitos que, após serem esclarecidos no Astral, são soltos para retornarem às suas caminhadas como lhes aprouver, visto que essa decisão é baseada no merecimento e no exercício do livre-arbítrio. Na maioria dos casos, não retornam aos atos nefastos que vinham praticando, acatando de bom coração as recomendações. Muitos intrépidos e altivos torturadores de aluguel, após se refazerem e terem seus corpos astrais "refeitos", não se vendo mais como monstros assustadores, suas vestes imundas trocadas, os ferimentos sarados, a fome e a sede satisfeitas durante o período em que ficaram retidos, aceitam em choros copiosos de arrependimento serem deslocados para comunidades no Astral onde se prepararão para futuras encarnações.

SONS – contagens e pulsos magnéticos

As tradicionais concentrações exigidas nas sessões mediúnicas se confrontam com a grande massa dos médiuns encarnados, afoitos, agitados, angustiados pelas imposições comezinhas da vida, quando não têm a "nítida" noção de que o corpo físico é a única realidade que os cerca. Por isso, os cultos ligados à religiosidade oriental, à Igreja Católica Romana e à Umbanda adotam cerimoniais, orações coletivas e cânticos, direcionando a mente dos médiuns e crentes a pontos focais que têm um mesmo objetivo benfeitor. Os esoteristas, rosa-cruzes, maçons e teosofistas preferem se fixar em imagens simples e conhecidas de todos os circunstantes que facilitam a mentalização coletiva, muito importante para a formação das egrégoras ou imagens mentais que vibrarão no Astral, criando a ambientação fluídica necessária para a atuação dos bons Espíritos.

Quando os dínamos mentais individuais divergem nas ideações, enfraquece-se a atração magnética vibracional requerida para os labores mediúnicos. Dessa maneira, é possível concluir que esses recursos não são nada contraditórios: o som dos pontos cantados estabelece a ligação vibratória com o Astral, e as contagens de pulsos magnéticos servem como firme apoio para a criação das egrégoras mentais pelos médiuns. Contudo, há de se convir que as finas melodias de Mozart, Vivaldi, Bach e Vila Lobos requerem um aparelho de som regulado nos graves e agudos, em que o volume deve estar ajustado para a harmonia e deleite de todos os ouvintes, sob pena de se tornar estridente e barulhenta a arte mágica do som representada nas composições desses gênios musicais. Estejam convictos de que no Plano Espiritual existem sinfonias e acordes que esses médiuns compositores "escutaram" à época, mas que em seu plano de manifestação material se mostram como sonoridades abafadas e distantes quando comparadas às orquestras afinadas do Astral. O estalar de dedos barulhento, as contagens estridentes e as posturas cabalísticas exageradas ficam sob a responsabilidade dos médiuns. Não transfiram para a apometria seus desmandos e suas vaidades dissimuladas.

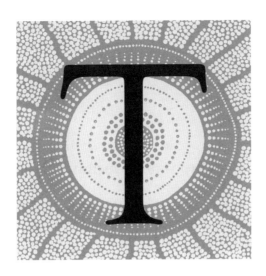

TÉCNICA anímico-mediúnica – apometria

A apometria, técnica anímico-mediúnica de dissociação ou desdobramento dos corpos mediadores – etérico, astral e mental – foi apoiada pela Alta Fraternidade do Astral, que planejou a Umbanda em solo brasileiro, como forma de resgate da pura magia branca atlante, da antiga *Aumbandhã* esotérica, aproximando as raças e unindo os homens com um novo conceito de congraçamento mediúnico. Nos grupos apométricos, os Pretos Velhos, os Índios e os Caboclos são aceitos e bem-vindos para exercitarem o trabalho de caridade, propiciando a cura e o soerguimento das criaturas pela manipulação etérea dos elementais da natureza e das energias nas sete faixas vibracionais do Cosmo. Essas técnicas magnéticas separatórias dos corpos mediadores sempre foram utilizadas pela Espiritualidade em toda a história terrena.

As falanges de Umbanda operam no subsolo astralino, na contrapartida etérea que se encontra na subcrosta do orbe. O momento de depuração do carma planetário e a mudança das faixas de frequência no eixo magnético da Terra fazem com que sejam intensas essas movimentações. Essas energias deletérias são neutralizadas, sendo feitos os desmanches dos trabalhos de magia e feitiçaria realizados pelas organizações trevosas que habitam esses charcos, reconduzindo à normalidade os muitos sofredores atingidos, encarnados na superfície da Terra e desencarnados dos mais variados estados conscienciais.

TÉCNICA de trabalho – desdobramento espiritual

O termo "apometria" vem do grego *apó*, preposição que significa "além de", "fora de", e *metron*, relativo à medida. Representa o clássico desdobramento entre o corpo físico e os corpos espirituais do ser humano. Não é propriamente mediunismo, é apenas uma técnica de separação desses componentes. A apometria é uma técnica de desdobramento espiritual que pode ser aplicada em todas as criaturas, não importando a saúde, a idade, o estado de sanidade mental e a resistência oferecida. É um método geral, fácil de ser utilizado por pessoas devidamente habilitadas e dirigentes capazes.

O êxito da apometria reside na utilização da faculdade mediúnica para entrarmos em contato com o mundo espiritual da maneira mais fácil e objetiva sempre que quisermos. Diversos grupos espiritualistas começaram a utilizar a apometria como técnica de trabalho em que os médiuns se desdobram conscientemente, participando de maneira ativa no encaminhamento das entidades espirituais enfermas. Essas técnicas "hodiernas" congregam arrojados métodos de indução magnética de desdobramento no intercâmbio com o plano extrafísico. As sessões mediúnicas desobsessivas tornam-se dinâmicas, perdendo a sonolência e a oratória evangélica enfadada de alguns dirigentes. Isso não quer dizer que o atendimento aos desencarnados deva ser pouco fraterno. Essas técnicas não dispensam os médiuns de estarem solidamente educados nas bases do Evangelho de Cristo, com elevada conduta ético-moral e, sobretudo, com trato amoroso com as entidades desencarnadas.

As incompreensões geradas quanto às técnicas apométricas são em razão da resistência ao novo e ao imobilismo de alguns dirigentes encarnados, acomodados aos anos de sonolência do grupo mediúnico, no qual muitos médiuns cochilam entendendo serem ótimos doadores de ectoplasma. Não devem exorcizar a apometria qual demônio herege perseguido pela Inquisição na Idade Média. Ao contrário, a estudem detalhadamente.

Alguns confrades contrários e mais exaltados correm para a literatura existente, na maioria de autores encarnados e não mediúnicos. Procuram justificar que são fluidos diferentes e desestabilizarão os médiuns e o grupo, como se o leve estalar de dedos ou um silvo de entidade indígena fosse coisa esdrúxula, do diabo. Contemporizemos, nem tanto lá, nem tanto cá. A apometria também é espiritismo na concepção kardequiana, assim como se aplica perfeitamente ao mediunismo umbandista. O grupo apométrico tem assistência da Espiritualidade e convive plenamente, de forma harmoniosa, com os demais trabalhos de caridade.

Outros alegam que nesses grupos não é observada a continuidade de atendimentos após as remoções de aparelhos parasitas e desmanches de feitiçarias. Ora, qualquer atendimento espiritual na face do orbe terrícola não dispensa a reforma íntima e a elevação moral como método seguro de cura definitiva. Logicamente, a todo o atendido em grupo apométrico deve ser recomendado que continue a sua evangelização cristã e se integre aos demais trabalhos de palestras e passes. É importante somar essa nova técnica, sem subtrair conceitos básicos de educação mediúnica, evitando assim as interpretações precipitadas dos desinformados, multiplicando os resultados na tabuada do amor cristão.

É chegado o momento da universalidade, do amor e da união de todas as religiões, que se consolidará neste Terceiro Milênio. A profecia do Cristo-Jesus, quando afirmava "eles escutarão a minha voz e haverá um só rebanho e um só pastor", se implementará gradativamente pelo equilíbrio entre ciência, filosofia e religião.

"TROPAS de choque" no Plano Astral

Observamos no meio espírita, dito universalista e não ortodoxo, preconceitos e interpretações totalmente equivocadas em relação ao movimento umbandista, de forma sectária. O maior agravante, na nossa opinião, é quando discriminam essas entidades amorosas e humildes, que são os Índios e os Pretos Velhos, muitos tendo sido canonizados pelo catolicismo em tempos idos e hoje desempenhando a caridade nessas configurações perispirituais.

Naqueles locais espíritas mais conservadores, desistimos de qualquer argumentação elucidativa de tais confusões, haja vista a ferrenha fixação nas obras básicas de Kardec, e tudo o mais não sendo considerado; inclusive os esclarecedores ensinamentos kardequianos de *A Gênese* e *Obras póstumas*, alegando esses irmãos que essas obras não fizeram parte do Controle Universal dos Ensinamentos dos Espíritos (CUEE), mesmo que as experiências e os ensinamentos de Kardec ampliem os conhecimentos sem contrariar a codificação da Doutrina Espírita e, consequentemente, expanda a consciência dos seres imperfeitos e em evolução na carne, que somos todos nós.

Alguns entendem que essas entidades são somente uma tropa de choque, grosseira, indisciplinada, que não têm o trato fraterno com os irmãos desencarnados. Outros generalizam que todos os médiuns educados na Umbanda são extremamente anímicos e desordeiros, praticando o mediunismo mais sórdido, como se operassem em vil terreiro.

Diferenças entre nós à parte, constatamos seguidamente que na Espiritualidade essas entidades dão apoio imprescindível nos trabalhos mediúnicos dos quais participamos, com fluidos mais densos e desobsessivos. São essas "tropas de choque", das vibrações dos Orixás Ogum e Xangô, que adentram nos charcos trevosos umbralinos e, valentemente, resgatam muitos irmãos prisioneiros das organizações trevosas, trazendo os sofredores escravizados e os líderes escravizadores, quando necessário, para a manifestação mediúnica, seja na mesa kardequiana ou no grupo apométrico. Tenham a certeza de que muitos médiuns videntes fazem que não veem esses irmãos por puro preconceito. A maior austeridade nessas movimentações não quer dizer falta de fraternidade.

Logicamente existem incompreensões no seio da própria Umbanda, que também é constituída de seres encarnados no plano terreno, assim como todos os movimentos religiosos e científicos na Terra. Essa situação contribui para as confusões, visto que não há uma prática uniforme nas várias casas umbandistas e não se encontra uma unidade na própria literatura que trata desses assuntos.

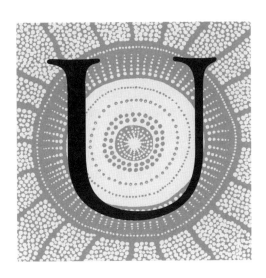

UMBANDA – Aumbandhã – a Lei Maior Divina

A divina chama da verdade, quando acesa em vocês, conduz à paz e à luz, ao despertamento do Eu Crístico. Onde então está a verdade? Por que tantos a procuram nas mais diversas crenças, filosofias e religiões? Por que todos dizem possuí-la? No âmago de suas almas de crianças espirituais estão a incerteza, a dúvida, o medo do desconhecido, o apego à matéria e a ilusão da finitude, do momento presente. Assim, decorre a necessidade de constante busca de elementos externos, escoras para se apoiarem. Essa insegurança se dá seguindo o seu atual estágio evolutivo. Em outros orbes mais adiantados, ela não existe.

Os psicólogos terrenos chamam de arquétipos do inconsciente, o que, na verdade, são frutos das idas e vindas do Espírito imortal na roda da vida. Ora do "lado de cá", ora aí desse lado. Como vocês têm a idade sideral equivalente a um suspiro, na eternidade da existência, somente alguns milênios tentando voltar ao Todo cósmico, não adquiriram ainda condição de plena compreensão das coisas ocultas. A dogmática religiosa muito nutre esses arquétipos. Mais à frente, voltaremos à temática das inverdades dogmáticas. Estamos sempre nos repetindo, pois vocês têm muita dificuldade de retenção na memória, por isso, buscamos novas nuanças para fixar os conceitos.

Desde as antigas e primevas civilizações, o simbolismo é modalidade para fazer-nos entender, expressão em que se apoiam nos toscos raciocínios para conseguirem o mínimo de compreensão. A física, química, matemática, arquitetura e engenharia da Terra propiciam uma pálida ideia das ciências análogas utilizadas no Cosmo, empregadas pelos técnicos siderais, e dos elementos predominantes na Criação. A cosmogênese e seus mistérios aos poucos foram se desvelando.

Enquanto doutrina consistente que descortinou muitos mistérios e conhecimentos do Cosmo e da movimentação das forças ocultas, a multimilenar e esotérica *Aumbandhã*, significando a própria "Lei Maior Divina", regeu, sob o ritmo setenário, o desenvolvimento da filosofia, da ciência e da religião e a própria existência dos terrícolas, pela atividade da magia em todas as latitudes do Universo, fornecendo a base de todas as filosofias e religiões que se constituiriam no orbe terrestre. Esse conhecimento iniciático foi trazido de outras constelações, permitindo aos Maiorais do planejamento sidérico a sua transmissão por Espíritos missionários, há muito libertos da prisão carnal, como modalidade de subsídio ao progresso dos habitantes pensantes da Terra.

Não estamos nos referindo à Umbanda como "espiritualismo de terreiro" nem à etimologia da palavra "*Aumbandhã*", abordadas em outra oportunidade.* Aludimos a mais pura e antiga doutrina iniciática, primeira semente planejada a descer sobre o sólido árido das consciências, a revolvê-lo para novas concepções, necessárias à descida do Cristo-Jesus, muitos milênios depois. O mais límpido conjunto de preceitos esotéricos que já adentrou na aura planetária veio por misericórdia do Altíssimo para auxiliá-los no próprio crescimento.

A pureza e singeleza da *Aumbandhã* esotérica milenar descortinava a estrutura causal da manifestação do princípio espiritual na matéria densa por meio da simbologia setenária. O sete é número sagrado de todos os símbolos porque é composto do ternário e do quaternário,

---

* A Umbanda como "espiritualismo de terreiro" e a etimologia da palavra "*Aumbandhã*", mantra *Aumbandhã*, original em sânscrito, é tratada por Ramatís no livro *A missão do Espiritismo*, obra psicografada por Hercílio Maes.

representando o poder mágico em toda a sua força, o Espírito dominando a matéria. Jamais um número foi tão bem escolhido quanto o setenário. Os pitagóricos, na escolástica grega, assim o consideravam pelos números quatro e três. O quatro oferece a imagem dos quatro princípios inferiores: o corpo físico, o duplo etéreo, o corpo astral ou perispírito e o corpo mental inferior ou concreto. O três retrata o princípio de tudo que não é nem corporal nem sensível à matéria densa: o corpo mental superior ou abstrato, ou corpo causal, inteligência que modela as estruturas dos demais corpos citados, inferiores; o corpo *buddhi*, de amor e sabedoria; finalmente, o sétimo "corpo", o átmico, que reveste a ulterior centelha divina ou mônada. Esse simbolismo era utilizado para demonstrar a evolução do ser nos sete grandes campos ou faixas vibracionais do Cosmo, interpenetrados e com infinitas variedades de pesos energéticos magnéticos em cada um, de acordo com a infinidade de oportunidades que o Pai propicia a seus filhos para que voltem ao Todo cósmico.

O Criador Incriado oferece às suas criaturas incontáveis personalidades, em muitas reencarnações, para dominar o ego e os sentimentos inferiores a manifestarem-se no quaternário que mantém a centelha divina no ciclo da carne: os corpos físico, etérico, astral e mental inferior. A formação definitiva da individualidade, o Eu Superior, e os sentimentos sublimados que libertam, reacendendo-se infinitamente a chama crística do amor que está em vocês, simbolizam-se na tríade: o corpo mental superior ou causal, o búdico e o átmico. A ligação entre o ternário e o quaternário, ou os corpos superiores e os inferiores, é feita pelo corpo mental inferior ou concreto, que funciona em estreita ligação com o corpo astral."

As origens de "A sublime canção", da Índia, remontam ao tempo dos *Vedas*, tendo aparecido cerca de 5 mil anos antes do advento

---

" Tão estreita é essa ligação que na escolástica hindu, funcionalmente, eles podem ser considerados como uma unidade, conhecida como KÂMA-MANAS (corpo de desejos + mente intelectual). Grande parte dos conhecimentos oriundos da *Aumbandhã* está sintetizada em três livros imortais, pequenos volumes de grandes conteúdos. Leiam-nos e perceberão a profunda unidade, permeando-os. Eis a cronologia dessa revelação da sabedoria, desde o seu aparecimento escrito: "A sublime canção", em sânscrito, *Bhagavad Gîta*, de Krishna; *Tao-Te King*, de Lao-Tzu; e o Evangelho do Cristo, por Jesus. Foi necessária essa anterioridade sequencial para que os ensinamentos pudessem ser adequadamente assimilados, assim como preparada fosse a ambientação filosófico-cultural da humanidade para a descida de Jesus e a consecução do inigualável código de moral cósmica que é o Evangelho do Cristo.

do Cristo-Jesus, mas as grandes verdades contidas nesse diálogo entre Krishna e Arjuna antecedem e ultrapassam todos os tempos. O *Tao-Te King*, de Lao-Tzu, "O livro que revela Deus", surgiu na China no sexto século antes da era atual. A convergência dessas filosofias do ser integral, livre e cósmico foi culminante e planejada pelos técnicos e engenheiros siderais e tratam sobre a autorrealização do eu divino, crístico, por meio do domínio do ego, subjugando-o enquanto imerso na matéria densa.

Dizia Krishna: "Quando os homens agem em nome e por amor ao eu divino, embora através da imperfeição dos egos nos corpos humanos, não somente não acumulam débitos, mas também iniciam a libertação das dívidas do passado já existentes". Assim, "atinge-se o zênite da autorrealização do homem, baseado no mais alto conhecimento do ser divino", vencendo-se os apelos da carne. É como se estivessem imersos no fundo de um lago lodoso e fossem as raízes de um lótus a alimentar a flor de pétalas brancas, destinada a desabrochar na luz solar da superfície.

A verdade está em vocês, pois são a representação e a parte integrante do Todo cósmico, partícipes ativos da cosmogênese, centelhas divinas a vibrar, mesmo estando presas no invólucro carnal. Cada plano vibracional de manifestação da Divindade Suprema encontra-se em vocês. O macrocosmo está no microcosmo. A sua mente é Deus, guiando seus caminhos. O Cristo-Jesus e o Pai eram únicos, e assim também são. Constitui-se harmonioso paralelo às palavras do Divino Mestre, o Cristo-Jesus: "Conhecereis a verdade e a verdade vos libertará".

UNIVERSALISMO – origem cósmica da Umbanda

Nem toda raça primitiva é atrasada. Isso é comprovado, por exemplo, pelo estudo linguístico. As civilizações dos tupinambás e tupis-guaranis, derivadas de um mesmo tronco racial, apresentavam grande evolução: falavam a língua nheengatu, um idioma polissilábico, de sonância e estilo metafórico inconfundíveis, alcançados em milênios. Como seus fundadores eram Espíritos de outras paragens cósmicas, de Vênus e da constelação de Sirius, tratava-se de uma comunidade missionária instalada no Espaço, de antiquíssima maturação, assim como em seu litoral a fruta germinada no inverno aguarda para só despertar na incidência dos raios solares do verão.

As raças que preponderaram e decaíram na Terra, assim como outras que virão, refletem tão somente "migrações" dos Espíritos entre os diversos tabernáculos oferecidos pelas formas físicas disponíveis e com capacidade de abrigar os corpos astrais vibratoriamente correspondentes. Isso se deve às várias procedências cósmicas de irmandades espirituais que assistem o orbe em sua evolução.

Os Espíritos vão, paulatinamente, deixando de reencarnar em uma raça, como aconteceu com a pré-adâmica, adâmica, lemuriana, atlante e ariana[***], para animar novas correntes reencarnatórias existentes no orbe. Na verdade, os nomes e as cores raciais não importam, pois são meras ilusões temporais. O que impõe essas alterações é o carma coletivo e o nível evolutivo alcançado em determinado padrão étnico, que abriga as comunidades do Espaço no vaso da matéria densa. Ocorre naturalmente um enfraquecimento dos caracteres morfológicos que caracterizam uma raça pela diminuição da quantidade de Espíritos direcionados a ela, quando deixa de ser utilizada pelos ditames superiores dos engenheiros cármicos. Contudo, esses enfeixamentos conservam remanescentes raciais até se extinguirem, como os dos silvícolas na atualidade.

Está previsto um amálgama no futuro, em que não haverá preponderâncias raciais na Terra, e sim a mistura de todas as raças. Por enquanto, a humanidade evolui compartimentada em raças, obedecendo às leis e aos ciclos cósmicos que determinam as reencarnações em massa, assim como as populações estão estandardizadas nas religiões, nos cultos e doutrinas.

Diante do exposto, vocês podem concluir que é impossível a Umbanda ter a influência de uma raça sobre as demais, uma vez que os Espíritos organizados nesse movimento já experimentaram muitas encarnações em várias etnias, tendo adquirido experiências que contribuíram evolutivamente para eles. Todavia, prepondera a raça vermelha na mecânica de incorporação nas formas de Caboclos, o que se deve à

[***] Essas cinco são as grandes raças-raízes até agora produzidas no planeta, cada qual com suas sub-raças. A quinta raça, ária ou ariana, cuja formação começou mais de 70.000 anos antes de Cristo, terá ainda duas sub-raças no continente americano.

abrangência vibratória dos Orixás Ogum, Oxóssi e Xangô, que impõem a existência de numerosas falanges espirituais, atuando em situações de resgates socorristas e higienização das baixas zonas umbralinas. São Espíritos comprometidos com a evolução e o equilíbrio planetário desde eras remotas, muitos provenientes de outras constelações siderais.

Dessa forma, não existe uma raça que "impere" na formação da Umbanda. Se assim fosse, seu surgimento estaria fundamentado em algo ilusório, perecível, transitório. O triângulo fluídico que ampara a Umbanda na Terra é perene e atemporal, abrigando em seus lados, momentaneamente, cada uma das três formas espirituais que a estruturam no Espaço: Pretos Velhos, Caboclos e Crianças (negros, vermelhos e brancos), mas totalmente despida de preconceitos racistas por sua origem universal, no sentido de agrupar em suas atividades escravos, senhores, índios, pretos, brancos, baianos, boiadeiros, nativos, exilados, marinheiros, orientais, nômades, viajantes e imigrantes descendentes de todos os povos do mundo, sediados momentaneamente em solo brasileiro e retidos nas formas transitórias que abrigam os Espíritos no Plano Astral.

Não existe uma verdade única. A convergência umbandista ainda não consegue interiorizar nos seres a unidade do amor, o qual não separa, e sim une mesmo nas diferenças. O que são as raças e as cores da pele senão meras ilusões que nublam o Espírito em seu discernimento, conduzindo-o a posturas sectárias? Há algo que igualará a todos vocês, independentemente de cor da pele, credo, classe social, sexo, religião: a morte. O corpo físico irá se horizontalizar quando o Espírito deixar de animá-lo. De vertical, ereto, altivo, possante, tombará desfalecido em putrefação cadavérica diante de uma das leis universais que independem de sua precária percepção. Ou podem negar esse fato?

Dessa forma, os Espíritos que por afinidade e compromisso evolutivo com os encarnados se apresentam retidos numa forma temporária no Plano Astral também um dia terão a "segunda" morte, penetrando o plano mental em seus estratos superiores, a fim de obter uma nova percepção das verdades cósmicas.

Esses exemplos servem para demonstrar que certos códigos universais não dependem das doutrinas ditadas na Terra ou da vontade dos homens. Diante do Cosmo, das infinitas manifestações do princípio espiritual nas formas materiais, que o obrigam a sobreviver em reencarnações sucessivas, pergunta-se: o que é ser africanista, cabalista, hermético, judaico-cristão, evangélico, espírita, católico, candomblecista ou umbandista? É somente um respiro do Espírito imortal; um estado de afeição, simpatia, predisposição da personalidade transitória, encarnada ou desencarnada, seja vermelho, amarelo, branco, preto, hindu, zoroastrista, europeu, doutor da Lei, Preto Velho, Caboclo, Exu, baiano, boiadeiro, cigano, seja outro ainda.

Quando vocês tiverem a plena compreensão de que não existem verdades definitivas, um único caminho será instalado em seu psiquismo: a fraternidade que nada impõe e oferece a mão ao próximo sem nada pedir em troca. Talvez daí principiem a compreender toda a profundidade da Umbanda como movimento universalista, de amor e caridade. Pensem com o sentimento, amainando um pouco o intelecto, que cria modelos e códigos elitistas que excluem a abrangência da Divina Luz.

Como a Umbanda ainda não é conhecida em toda a sua amplitude mágica, de movimentação das linhas de forças que são emanadas diretamente dos Orixás, formando o Universo manifestado (mental-astral-etérico-físico), existe certo ceticismo em alguns prosélitos quanto à sua origem cósmica. A Lei Maior Divina, a *Aumbandhã*, rege o ritmo setenário de todo o Universo e foi exteriorizada pela primeira vez no Plano Astral terrícola por Espíritos que vieram de Vênus e de Sirius, implantando o conhecimento uno entre filosofia, ciência e religião, contribuindo assim para o planejamento reencarnatório de entidades exiladas em seu planeta, transmigradas de outros orbes.

Não confundam esses princípios iniciáticos que regem a morfogênese divina com sua reduzida expressão no mediunismo de terreiro.[****] Não conseguirão enxergar o formato da árvore tão somente por terem suas folhas em mãos, mesmo sendo verdadeiro o fato de elas se sustentarem em muitos galhos frondosos de um único e firme tronco.

Há de se compreender que tudo se relaciona com leis de causalidade que dispõem os seres ao equilíbrio. Mesmo no momento atual, o planeta

---

[****] A Umbanda como "espiritualismo de terreiro" e a etimologia da palavra *Aumbandhã*, mantra original em sânscrito, são tratadas por Ramatís na obra *A missão do espiritismo*, psicografada por Hercílio Maes.

Terra sofre abalos da natureza, consequência da destruição poluidora do "progresso" humano. Esse conhecimento uno foi necessário para "moldar" os corpos sutis necessários aos Espíritos programados para reencarnarem na Terra. Os arquitetos da forma que aportaram no Plano Astral do orbe vieram com a missão precípua de preparar o planeta para a reencarnação em massa de exilados de outros orbes, que precisavam de veículos afins que acomodassem suas consciências extraterrestres.

As primeiras levas de reencarnados se beneficiaram com a pujança da magia *Aumbandhã*, no apogeu da civilização atlante. Muitos iniciados *Aumbandhã*, venusianos e oriundos de Sirius, também encarnaram e fundaram a Escola Suprema dos Mistérios. Lançaram aos discípulos o saber do não manifesto, do oculto, época em que eram comuns fenômenos hoje considerados milagres por vocês.

Dada a continuidade de outras levas de reencarnantes, isto é, Espíritos imorais que vinham excluídos da convivência de seus planetas de origem, as comunidades do umbral inferior se fortaleceram e, num levante contra os magos da Luz, atlantes começaram a utilizar cada vez mais o magismo negativo, em favor próprio e dos gozos sensórios. Os corpos astrais que estavam formados começaram a ter rupturas nas telas etéricas pelo uso indiscriminado da magia, distorcendo as leis de harmonia cósmica. A homogeneidade do conhecimento esotérico *Aumbandhã* se encontrou ameaçada, e o "peso" vibratório dos extratos inferiores do umbral repercutiu no planeta na forma de cataclismos. Nessa ocasião, muitos irmãos missionários de outras paragens cósmicas abandonaram a Terra, retornando às pátrias de origem. Contudo, Jesus, que se encontrava entre vocês desde então, recomendava a continuidade do que tinha sido iniciado, dando o tempo necessário para a evolução de todos os envolvidos.

O mais límpido conjunto de preceitos de morfogênese cósmica que adentrou a aura planetária, mais uma vez por misericórdia do Alto, continuou entre vocês, mas se fragmentou pela migração de levas da população atlante, antes de sua submersão, para as terras da América, da Europa e do Oriente. Assim se fundamentaram todas as religiões em seus princípios básicos e semelhantes, como tão bem demonstra a comparação inter-religiosa exarada pela teosofia e pela saudável diversidade da Umbanda, que absorve todos os conhecimentos iniciáticos existentes no Cosmo.

VALÊNCIA do mediunismo

Houve uma época em que as percepções do Plano Astral eram abertas. Não havia necessidade de nenhum limitador nem de barreira de proteção. Confundiam-se os planos vibratórios, e o intercâmbio era livre, fruto da capacidade psíquica e anímica dos primeiros habitantes do orbe que vieram de outros planetas para conduzir a evolução da Terra e de seus futuros habitantes. Não havia mortes abruptas, e os seres eram exclusivamente vegetarianos.

Depois que as primeiras transmigrações de exilados de outros orbes foram acomodadas nas zonas umbralinas, iniciou-se a reencarnação desses Espíritos rebeldes. A partir de então, a alimentação passou a ser carnívora, e teve início o terrível flagelo das coletividades que paira até os dias hodiernos. Com a interferência das várias espécies nos ciclos de vida, pela mortandade dos irmãos menores do orbe, juntamente com o adensamento do duplo etéreo dos encarnados, decorrente dos eflúvios densos das emanações pútridas da digestão de carnes, qual pneumático inflado demais, alteraram-se violentamente as percepções sensoriais e a visão que tinham os humanos dos excelsos seres e dirigentes planetários, visto que as hostes umbralinas se fortalecerem. O carnivorismo forneceu o meio energético necessário e as condições propícias à sintonia com as organizações trevosas do umbral inferior que foram trazidas de outros orbes.

Iniciou-se a vampirização em massa dos encarnados, e os aspectos benfeitores que preponderavam no intercâmbio com o Astral Superior ficaram prejudicados, levando à necessidade de "frenar", por meio de uma malha magnética, o plano malévolo de entidades imorais e endurecidas no ódio. A partir de então, precisou-se criar uma tela de proteção para os futuros reencarnantes. Assim, os engenheiros siderais, responsáveis pela genética etérea dos corpos físicos, planejaram e implantaram essa barreira de proteção, visando restabelecer o equilíbrio com o plano oculto. Dessa forma, se vedou a comunicação nefasta com o Plano Astral Inferior e se estancou o ataque das comunidades raivosas do Além, que se encontravam revoltadas pelo exílio planetário imposto.

Obviamente, a tela etérica não se mostrou inexpugnável, instalando-se assim o mediunismo, em maior ou menor grau, dependendo da ruptura pelo uso indiscriminado de magia negativa e sacrifícios animais.

Está claro que o ser em sua evolução vai refinando a tela etérica naturalmente até chegar ao nível vibratório em que ela se desfaz. Observem os iogues, místicos e sábios de todos os tempos, seu comportamento, suas concepções filosófico-religiosas e seus hábitos alimentares e terão um roteiro seguro de sublimação de seus corpos espirituais. Isso é um processo natural de conquista que dá valência à percepção psíquica anímica e ao mediunismo saudável, que não estabelece nenhum "rombo" violento na tela, como ainda ocorre para a grande maioria de médiuns que labutam na seara umbandista.

VEGETAIS – axé das folhas

As ervas e o reino vegetal são indispensáveis à sustentação dos seres vivos. Os vegetais retiram o prana (axé) da natureza, uma vez que são potentes condensadores energéticos. Eles são importantes reservatórios do éter vital, axé das energias primárias oriundas dos quatro elementos planetários: ar, terra, água e fogo.

Os vegetais são utilizados para a nossa alimentação e para a magia, modificando suas energias vitais condensadas por intermédio de processos e rituais propiciatórios à sua extração: queima, maceração, infusão, fervura e outros. Obviamente, o melhor banho é o realizado diretamente na natureza, no sítio vibratório do Orixá e da energia que se busca. Diante da vida agitada dos tempos atuais e da absoluta falta de tempo e escassez financeira, cresceram em importância os banhos ritualísticos que reproduzem, em escala menor, as vibrações maiores da natureza.

VITÓRIA do médium

Será vitorioso o nosso pupilo? Não sabemos! O grau de dificuldades, de dores e de sofrimentos é do tamanho exatamente necessário ao aprendizado, pois não existem injustiças nas leis divinas, de causas e efeitos, que regem tudo e todos no equilíbrio infinito do Cosmo. Nós, do Astral, fazemos tudo que está ao nosso alcance para ajudá-lo: o inspiramos e intuímos, o desprendemos durante o sono para "conversarmos". Também oramos muito, pedindo ao Pai que o nosso assistido saia vitorioso. Para nós, do "lado de cá", um interregno reencarnatório é muito pouco tempo, mas quando se está na carne, parece uma eternidade.

Muitas vezes, para nosso desencanto, esse filho se "esquece" de todos os compromissos assumidos. Voltam-lhe predisposições não resolvidas que estão no seu psiquismo mais profundo, sedimentadas nas bases mais antigas do inconsciente, e acaba ele rendendo-se e adotando traços marcantes de condutas que já tinham sido vivenciadas em outras personalidades, em outras vidas terrenas. A individualidade é única, e não poderia ser diferente, pois o agente espiritual é eterno, sendo ele o modelo gerador e organizador do corpo físico, e não o contrário.

Há muitos casos, porém, em que esses irmãos amados são bem-sucedidos. Granjeiam muitos créditos, pois tiveram uma vida reta, de bons sentimentos, de solidariedade, de exercício caridoso da mediunidade, conseguindo exemplificar na carne, assim como o inigualável exemplo do Mestre Jesus, o amar a Deus acima de todas as coisas, aos seus semelhantes como a si mesmos, perdoando incondicionalmente todas as ofensas. No mais das vezes, para os valores vigentes do homem contemporâneo, foram insignificantes e incompreendidos. No entanto, para nós aqui no Astral, são motivo de júbilo e contentamento, por isso, com muito amor e num clima de festividade, os recepcionamos no momento de seu retorno à verdadeira vida, que é a espiritual.

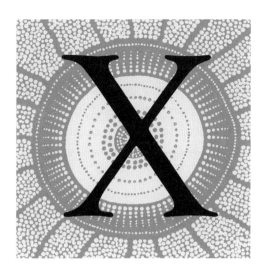

XAMANISMO, pajelança e outros ritos

É relevante esclarecer que há tipos de rituais confundidos com a Umbanda, como, por exemplo: a pajelança, um tipo de xamanismo brasileiro em que o pajé incorpora em transe ritual com beberagem de ervas; o tambor de mina, em que se misturam cultos de diversas nações africanas com a pajelança para dar passagem às entidades de cura e para "tirar" feitiço; o catimbó, em que a fumaça da queima de certas folhas oferece êxtase, dando poderes "sobrenaturais" ao pajé, colocando-o em comunicação com os Espíritos; o ritual de Jurema, em que os "juremeiros" manifestam índios ousados, violentos e ardilosos ostentando enfeites de penas, cocares, tacapes, arcos e flechas, dançando em rito exterior que arrebata as populações carentes de assistência social e saúde, com suas ervas e raízes curativas, apresentando proezas fenomênicas entre fogo, brasa e cacos de vidros; e os rituais africanistas descaracterizados das matrizes ancestrais das antigas nações.

Não se iludam com as aparências espirituais, em que Espíritos com formas astrais símiles aos da verdadeira Umbanda nas apresentações e completamente diferentes de sua essência caritativa alimentam-se, energeticamente, em ritos "iniciáticos" sanguinolentos, regalados entre danças e acepipes de pedaços de animais sacrificados e farofas, finamente temperados, que enchem as covas estomacais qual enterro famoso em átrio sepulcral, tudo pago para o bem-estar dos médiuns e consulentes. Afirmamos que nada disso é Umbanda, enquanto movimento plasmado pelo Cristo Cósmico, que se irradia para a crosta terrícola do Astral Superior.

Umbanda é uma verdade que independe da vontade e das suscetibilidades feridas de lideranças sacerdotais que conspurcam seu nome sagrado com práticas que não são condizentes com a caridade referendada no Evangelho de Jesus.

YEMANJÁ
(ou Iemanjá) – Mãe Divina

Yemanjá (ou Iemanjá) é o respeito, o amor, o despertar da Grande Mãe em cada um, a percepção de que somos cocriadores com o Pai, podendo gerar a "vida". Jesus tinha o princípio do masculino e do feminino (*animus* e *anima*) em Sua essência divina, em perfeito equilíbrio interno. Hoje, temos uma visão totalmente distorcida e masculinizada do princípio feminino. Deus na realidade é Deus-Pai-Mãe-Espírito. Temos dificuldade de penetrar na essência do feminino, que é a emoção, a doçura, a compaixão. É a energia que flui, a essência da doação, da harmonia, da vida em perfeito equilíbrio com a natureza, que espera com paciência, em seu próprio ritmo.

Na vibração do amor, tudo se harmoniza e permite que vejamos e aceitemos as pessoas como elas realmente são. Amar é abrir o coração sem reservas, desarmar-se, entregar-se e doar-se. As águas representam as nossas emoções. "Quem é minha mãe e quem são meus irmãos, senão aqueles que fazem a vontade do Pai?", disse Jesus, demonstrando que Seu amor se ampliava para toda a humanidade, para nos ensinar que, rompendo com os grilhões do parentesco carnal, formamos uma única família universal.

Yemanjá, em sua vibração divina, cria os seus filhos para a vida, para que sejam cidadãos do mundo, respeitando a individualidade de cada um. Mãe zelosa, quer e visa unicamente ao bem de sua coletividade. É considerada a Grande Mãe porque acolhe também os filhos adotivos, de outras mães. Num terreiro de Umbanda, é a agregadora dos grupos, o sentido de união, o humanitarismo, a procriação no sentido de progresso e evolução.

O amor compreendido e praticado é como um pintor que reproduz obras que favoreçam a todos que são abrangidos pelo seu raio visual, provocando o desenvolvimento de novos valores internos, modificando os quadros mais íntimos de cada um, com as novas tintas e os pincéis das conquistas realizadas em favor do outro.

Sendo assim, surge a caridade por si mesma, que restaura no indivíduo a sua dignidade psíquica, levando-o a superar o momento de dificuldade na conquista do alimento, da manutenção do lar, da educação e da saúde por meio do próprio esforço. É o "ensinar a pescar" que propicia o alimento sempre.

O mar é o nosso maior provedor de alimentos e de pulsação da vida – este é o sentido de prosperidade. No seu movimento de fluxo e refluxo das marés, limpa, energiza, leva o negativo e transforma-o em positivo, promovendo o equilíbrio. Jesus reunia-Se com Seus discípulos nos finais de tarde, às margens do mar de Genesaré, para ensinar-lhes sobre o "reino dos céus" e transformá-los em pescadores de almas. Em Seu diálogo com Maria de Magdala, no livro *Boa nova*, psicografado por Chico Xavier, ela diz: "Desgraçada de mim, Senhor, que não poderei ser mãe". Atraindo-a brandamente para Si, o Mestre acrescentou: "E qual das mães será maior aos olhos de Deus: a que se devotou somente aos filhos de sua carne, ou a que se consagrou, pelo Espírito, aos filhos das outras mães?"

A palavra de Jesus lhe honrava o Espírito, convidava-a a ser mãe de seus irmãos em humanidade, aquinhoando-os com os bens supremos das mais elevadas virtudes da vida. "Vai, Maria! Sacrifica-te e ama sempre! Longo é o caminho, difícil a jornada, estreita a porta, mas a fé remove os obstáculos. Nada temas: é preciso crer somente!" E Maria de Magdala renunciou aos prazeres transitórios da carne e dedicou-se integralmente a auxiliar os irmãos em sofrimento, aliviando suas feridas do coração, ficando até o fim de sua vida terrena junto aos aleijados e leprosos.

Maria de Nazaré, mãe de Jesus, foi o grande exemplo de fé e de entrega absoluta à vontade do Pai. Ela amou tanto o seu filho único que jamais O impediu de cumprir Sua missão; pelo contrário, O guiou com seu amor e sofreu com Ele o martírio infamante da cruz. Em retribuição a esse amor, Jesus deixou a João, o Evangelista, Seu discípulo mais amoroso, a incumbência de substituí-Lo nos cuidados com Maria.

ZELAR o "santo"

Existe uma relação de dependência dos seres humanos iniciados nessas práticas mágicas populares: têm obrigação de estar permanentemente refazendo as oferendas e os sacrifícios na busca dinâmica, mútua, de renovação da força (axé). Ou seja, é um sistema de oferta e devolução mecanicista, de dar e receber, com o objetivo de se harmonizar com o suposto "orixá" de cabeça, que, por sua vez, foi assentado com raspagem e incisão no alto do chacra coronário, tendo como princípio energético catalisador o sangue quente, repleto de vitalidade animal. Este serve para a fixação vibratória de entidades que se apropriam da inteligência, motricidade e ideação do médium (glândula pineal), tendo com ele uma relação individual, potencializada artificialmente, como se fossem hospedeiros, e culminando nos transes e nas catarses ritualísticas.

Esse "acasalamento" fluídico, para manter o equilíbrio, fundamenta-se num sistema perpétuo, durante a vida encarnada e, posteriormente, desencarnada, de dar e receber. Esquece-se muito facilmente que a ritualística exterior e os pactos firmados em iniciações não demonstram os compromissos ocultos atemporais que reverberam no Espírito por uma "eternidade". Quem oferta sangue quente hoje será o ofertado de amanhã, ambos chumbados na crosta e escravizados pela vitalidade propiciada pelas matanças animais.

Para conseguir a renovação da força e a proteção do suposto "orixá", o iniciado deve revitalizar e dinamizar o fluxo de axé, por meio dos incontáveis sacrifícios votivos e festins de comilanças. É um pacto de interdependência, uma vez que o dito "orixá", na verdade um ou mais Espíritos densos imantados ao médium, necessita de vitalidade animal para se fortalecer e, ao mesmo tempo, oferecer em troca seus agrados ao medianeiro. Assim, o mimam, arrumam namorada, emprego, retiram os inimigos do caminho, aumentam os prazeres carnais, entre outras facilidades da vida mundana, protegendo e mantendo em boa situação os repastos vivos e todos aqueles que mostram fidelidade regular quanto aos sacrifícios e às oferendas prescritas pelo pai de santo.

Esse pacto é uma via de mão única, e a vontade do "iniciado" nada vale se ele não cumprir os preceitos para zelar com seu assento vibratório, visto que os elementos que servem como condensadores energéticos devem ser renovados frequentemente, pois perdem, por fadiga fluídica, a capacidade de fornecer os tão almejados eflúvios etéreos que servem de alimento vital para as entidades do baixo Astral.

Há de se comentar que é de conhecimento fechado, não divulgado pela maioria dos diretores de terreiros que praticam esses ritos, o fato de que quando o filho do "santo" viola, frauda ou não cumpre toda uma série de compromissos, tabus e preceitos, mantenedores do fluxo vital do plano físico para o Astral, e vice-versa, cessam as benesses das entidades do "lado de cá" para a realização dos desejos individuais do médium; isso quando os "vivos" da Terra, antigos iniciadores, não fazem despacho para a desgraça do "infiel" que ousa abandoná-los. Ocorre um motim astral, uma revolta contra o ente que até então era mimado, pelo fato de ele não mais fornecer os acepipes e sacrifícios sanguinolentos. A partir de então, atacam o antigo "serviçal", como vampiros determinados a sugar suas próprias vísceras, qual parasita que "mata" a planta que não consegue mais produzir seiva vegetal pela aridez do solo, em meio à seca de verão. Por isso, o assunto é velado aos neófitos, para não se assustarem; assim como só são informados os enormes favores, nunca as gigantescas obrigações que, se não cumpridas, ocasionarão funestas contrariedades e retaliações, tal como a montanha vistosa esconde, aos olhos incautos, que em seu cume existe um precipício.

O enorme perigo da ira, dos revides e das quizilas que recaem sobre os "iniciados" que se arriscam a deixar o "santo" acaba sendo resolvido quando há merecimento, e o obsediado exercita seu livre-arbítrio nos templos da Divina Luz, da verdadeira Umbanda. Na verdade, zelar pelo "santo" não é de forma alguma uma opção de exercício religioso em consequência do livre-arbítrio, mas, sim, um pacto de sangue que deve ser constantemente refeito com o suposto "orixá", cujo não cumprimento implica riscos enormes, colocando sob pesado choque vibratório os que estão nessa roda nefasta de sacrifícios animais e ousam sair. A obediência cega perante o "santo" fascina e nubla as consciências, forjando escravos que ceifam a vida dos animais menores do orbe e fortalecem as cidadelas do Astral Inferior, enraizadas desde eras ancestrais na dependência de se "alimentarem" dos fluidos volatilizados pelo sangue derramado na crosta planetária.

ZELAR pelo assento vibratório dos Orixás

Há de se ter noção de que todo o trabalho mágico das religiões africanistas (não o da Umbanda) fundamenta-se no intercâmbio entre dois níveis de existência. São duas formas, ou possibilidades de vida, que coexistem paralelamente. O *aiye* é o universo físico concreto, com todos os seres vivos; e o *orum*, o sobrenatural, onde vivem os "orixás" e os eguns (Espíritos de mortos e antepassados naturais). O mundo material é compreendido como uma consequência do espiritual. Todo o culto é fundamentado no rebaixamento vibracional dos habitantes do *aiye* para o *orum*; do divino espiritual para os homens filhos dos Orixás; do sagrado abstrato para o profano concreto.

A "materialização" dos Orixás ocorre pelo transe ritualístico, pelo filho que cede seu corpo e psiquismo para a manifestação dessas energias. Acontece que todo iniciado no transe tem seu assento vibratório do Orixá, um altar individual com determinados elementos férreos e minerais que simbolizam, energeticamente, as insígnias do Orixá, servindo de ponto de imantação no plano material. São os denominados *pegis*: locais onde são realizadas as venerações e colocadas as oferendas devidas, geralmente animais votivos e alimentos.

Por meio das oferendas diante do *pegi*, acontecem e se fortalecem as trocas praticadas, o dar e o receber. Os filhos de um "orixá" ofertam em permuta, para receber a força (axé) num ciclo de oferendas votivas e derrame de sangue que nunca termina, numa distorcida filosofia mantenedora da harmonia, dissociada dos ritos tribais de antigamente, em que os sacerdotes iniciadores não auferiam o vil metal nem cobravam pela assistência curativa às populações.

Na atualidade, existe uma desconexão temporal em nome dessas tradições, caracterizada por um apelo mágico negativo, popular, imposto por uma acirrada concorrência entre os terreiros, que, por sua vez, são demandados por criaturas que exigem resultados rápidos no intercâmbio espiritual, o que impõe mais sacrifícios ofertados, perpetuando uma série de fenômenos que se sucedem fortalecendo a "indispensável" matança de animais e a oferta de sangue quente.

Como a fixação do "orixá" na cabeça (coronário) do médium é realizada com sangue, um condensador vital de baixa vibração, uma entidade de reduzida envergadura espiritual se apropria do psiquismo de seu "filho", levando-o a fazer todas as suas vontades, falsamente, como se estivesse nas tribos de antigamente, oferecendo em troca progresso material, realizações amorosas, prazeres e outras sensações animalizadas.

A relação entre os Espíritos e o aparelho, potencializada no assento do Orixá, tem de ser periodicamente renovada, oferecendo os alimentos vitais, fluídicos, para que, em troca, não haja a desgraça do médium. É uma relação de temor e medo em nome de um falso sagrado, formando escravos dos "orixás" por toda a vida, em que ininterruptamente, em certos períodos, há de se sacrificar um animal para a satisfação do Além dominador.

Na Umbanda, preservam-se os aspectos positivos e benfeitores das tradições africanistas. Não se impõem assentamentos vibratórios individuais dos Orixás fundamentados em iniciações sanguinolentas, com raspagens de cabeças e oferendas regulares para satisfazer o "santo". Assim, basta fixar no congá alguns elementos condensadores para servirem de imantação afim com o Orixá regente do terreiro. A mediunidade canalizada para a caridade e o amor por todos os seres vivos em auxílio aos sofredores são o mais seguro "assento" dos Orixás no templo interno de cada criatura.

Obras de Norberto Peixoto

Psicografadas

Mediunidade de terreiro, pelo Espírito Ramatís, 2ª ed., Triângulo, 2020.

Conversando com Pai Velho, pelos Espíritos Ramatís e Pai Tomé, Triângulo, 2020.

A missão da Umbanda, pelo Espírito Ramatís, 2ª ed., Triângulo, 2020.

Estrela guia – o povo do Oriente na Umbanda, pelo Espírito Pai Tomé, 2ª ed., Legião Publicações/Besouro Box, 2021.

Elucidações de Umbanda: a Umbanda sob um olhar universalista, pelo Espírito Ramatís e Vovó Maria Conga, 4ª ed., Legião Publicações/Besouro Box, 2023.

Jardim dos Orixás, pelo Espírito Ramatís, 3ª ed., Legião Publicações/Besouro Box, 2022.

Umbanda pé no chão: estudos de Umbanda, pelo Espírito Ramatís, 6ª ed., Legião Publicações/Besouro Box, 2023.

Reza forte: a Umbanda com Jesus, pelo Espírito Ramatís e Pai Tomé, 5ª ed., Legião Publicações/Besouro Box, 2023.

Chama crística, pelo Espírito Ramatís, 2ª ed., Triângulo, no prelo.

Diário mediúnico, pelo Espírito Ramatís, 2ª ed., Triângulo, no prelo.

Evolução no Planeta Azul, pelo Espírito Ramatís, 2ª ed., Triângulo, no prelo.

Mediunidade e sacerdócio, pelo Espírito Ramatís, 2ª ed., Triângulo, no prelo.

O triunfo do Mestre, pelo Espírito Ramatís, 2ª ed., Triângulo, no prelo.

Vozes de Aruanda, pelo Espírito Ramatís, 2ª ed., Triângulo, no prelo.

Sua autoria

Refletiu a Luz Divina – introdução à Umbanda, Legião Publicações/Besouro Box, 2020.

Exu – o poder organizador do caos, 5ª ed., Legião Publicações/Besouro Box, 2022.

Apometria, os Orixás e as linhas de Umbanda, 8ª ed., Legião Publicações/Besouro Box, 2023.

Os Orixás e os ciclos da vida, 5ª ed., Legião Publicações/Besouro Box, 2020.

Iniciando na Umbanda – a psicologia dos Orixás e dos cristais, 5ª ed., Legião Publicações/Besouro Box, 2023.

Magnetismo na casa umbandista – a saúde integral do ser, 3ª ed., Legião Publicações/Besouro Box, 2021.

O transe ritual na Umbanda – Orixás, guias e falangeiros, 2ª ed., Legião Publicações/Besouro Box, 2020.

Cartilha do médium umbandista, 2ª ed., Legião Publicações/Besouro Box, 2018.

As flores de Obaluaê – o poder curativo dos Orixás, 4ª ed., Legião Publicações/Besouro Box, 2023.

No reino de Exu – a retificação do destino, 3ª ed., Legião Publicações/Besouro Box, 2022.

Encantos de Umbanda – os fundamentos básicos do esoterismo umbandista, 4ª ed., Legião Publicações/Besouro Box, 2023.

A Umbanda é de todos – manual do chefe de terreiro, 2ª ed., Legião Publicações/Besouro Box, 2018.

Sugestões de leitura

BAILEY, Alice. *A alma e seu mecanismo*. São Paulo: Esotera, 2012.

CAMPOS, Humberto de (Espírito). *Boa nova*. Psicografado por Francisco Cândido Xavier. Brasília, DF: FEB, 2017.

EMMANUEL (Espírito). *A caminho da luz*. Psicografado por Francisco Cândido Xavier. Brasília, DF: FEB, 2015.

ARROYO, Stephen. *Astrologia, psicologia e os quatro elementos:* uma abordagem astrológica ao nível de energia e seu uso nas artes de aconselhar e orientar. São Paulo: Pensamento, 2013.

LUIZ, André (Espírito). *O abismo*. Psicografado por R. A. Raniere. São Paulo: Boa Nova, 1998.

RAMATÍS (Espírito). *A missão do espiritismo*. Psicografado por Hercílio Maes. Limeira-SP: Editora do Conhecimento, 1967.

_____. *Mediunidade de cura*. Psicografado por Hercílio Maes. Limeira-SP: Editora do Conhecimento, 1967.

RAMATÍS; ATANAGILDO (Espíritos). *A vida além da sepultura*. Psicografado por Hercílio Maes. Limeira-SP: Editora do Conhecimento, 1957.

RIVAS NETO, Francisco (Yamunisiddha Arhapiagha). *Exu, o grande arcano*. 3. ed. São Paulo: Ícone, 1993.